Aus Liebe und Treue zur Kirche

Die Deutsche Bibliothek CIP-Einheitsaufnahme
Ein Titeldatensatz für diese Publikation ist bei der
Deutschen Bibliothek erhältlich

Printed in Germany
ISBN 3-87554-398-X

Alexandra von Teuffenbach

Aus Liebe und Treue zur Kirche

Eine etwas andere Geschichte des Zweiten Vatikanums

Morus

Inhalt

Zu diesem Buch

Wer sich in den letzten dreißig Jahren im deutschsprachigen Raum mit dem II Vatikanischen Konzil beschäftigt hat, der war und ist der Gefahr einer gewaltigen Vereinfachung ausgesetzt. Im weitgehend polarisierten Denken des deutschen Katholizismus werden die Protagonisten des Konzils auf die Rollen von „Erneuerern" und „Traditionalisten" festgelegt. Papst Johannes XXIII., Karl Rahner oder Yves Congar gelten als progressive Vordenker einer neuen, weltoffenen Kirche. Männer wie Kardinal Ottaviani, später auch Henri de Lubac und in Ansätzen auch Papst Paul VI. werden entweder als lupenreine Konservative oder doch zumindest als der Tradition verhaftet beschrieben. Herrschende Meinung in Forschung und Lehre der Schultheologie ist, daß die durch das Konzil eingeleiteten Veränderungen bis heute nicht ausreichend umgesetzt worden sind. Zugleich erkennt man aber neuerdings einen Trend, der sich im Abstand von Jahrzehnten mit den auch fragwürdigen Folgen mancher Reform oder theologischen Konzilsinterpretation auseinandersetzt. So werden beispielsweise die Klassiker der liturgischen Bewegung neu im Hinblick darauf gelesen, inwieweit es heute einer Reform der Reform bedarf.

Alexandra von Teuffenbach ist einen anderen Weg gegangen. Die vorliegenden Texte erschienen zunächst als Artikelreihe in der „Tagespost" (Würzburg) und werden nun hier in erweiterter Form als Buch vorgelegt. Der Morus Verlag hat sich zu diesem Projekt entschlossen, weil uns in den Texten der Autorin in exemplarisch unverbauter Weise die Sichtweise einer jungen Theologengeneration aufscheint, die mit nüchternem historischen

Anspruch nach den tatsächlichen Gegebenheiten und den Intentionen der „Konzilsmacher" fragt. Dazu hat sich Alexandra von Teuffenbach nicht nur der unüberschaubaren Sekundärliteratur mit ihren zementierten Meinungen bedient, sondern ist akribisch an die Originaltexte, an Tagebuchaufzeichnungen, Briefe und andere Dokumente herangegangen. Vor allem hat sie sich mit Konzilstheologen wie beispielsweise Heribert Schauff und Sebastian Tromp beschäftigt, die unverdienterweise in der späteren Reflektion in die zweite Reihe gerückt und heute oft vergessen sind. Dabei, wie auch bei der tiefergehenden Betrachtung von Wirken und Biographien der bekannteren Konzilsteilnehmer ist sie zu – nur auf den ersten Blick – erstaunlichen Ergebnissen gekommen. Keineswegs lassen sich die Mitgestalter des Konzils ohne weiteres in theologische oder kirchenpolitische Schubladen stecken. Natürlich gab es Vorlieben, Positionen und Grundhaltungen, für die intensiv gestritten wurde. Natürlich gab es einen herrschenden Zeitgeist, dem sich der eine mehr und der andere weniger verpflichtet fühlte. Aber die heute zumeist vertretenen holzschnittartigen Grobeinschätzungen treffen nur im allerseltensten Fall zu.

Stattdessen scheint bei der Betrachtung dieser Männer etwas auf, das man in der zeitgenössischen Mainstream-Theologie in der Regel vergeblich sucht. „Aus Liebe und Treue zur Kirche" haben die großen Theologen der Vorkonzils- und der Konzilszeit ihre großen Entwürfe entwickelt und für das Aufbrechen von Verkrustungen oder das Bewahren von Bewährtem gestritten. Ihr theologisches Suchen war vom Gebet begleitet und lebte aus dem „Sentire cum Ecclesia", dem „Fühlen mit der Kirche" Das war keine unkritische Haltung. Aber diese Kritik war eine Kritik von Innen heraus. Eine Kritik, die zunächst eine tiefe empfundene Identifikation mit dem Leib Christi, seiner Kirche voraussetzt. Ein deutschsprachiger Theologe, der sein Arbeiten heute offen unter ein solches Motto stellen würde, geriete schnell in den Verdacht des primitiven Traditionalismus. Stattdessen werden Tendenzen erkennbar, die die katholische Theologie lieber langfristig als eine Form der Kulturwissenschaft an staatlichen Universitäten absichern möchten. Dieses Denken jedenfalls, und das meinen wir aus den vorliegenden Arbeiten Alexandra von Teuffenbachs herauslesen zu können, war jedem der betrachteten Theologen fern. Dadurch gewinnen ihre Werke für uns noch einmal zusätzlich an Bedeutung und es wäre schon viel erreicht, wenn sich der eine oder andere Leser wieder einmal zu einer Lektüre der Originale anregen ließe. Das Wissen um das geistige Herkommen der Konzilsgestalter wird diese, für die Kirche bis heute so wichtige Zeit nicht nur verständlicher, sondern auch lebendiger werden lassen.

Olaf Lezinsky

Eine Einführung

Im Jahr 1998 begann ich in Rom meine Dissertation zum Thema „subsistit in" (Lumen Gentium 8)[1] – eines des umstrittensten Themen der Theologie nach dem Konzil. Im Studium hatte ich gelernt, daß auf dem Zweiten Vatikanischen Konzil die Vertreter einer "neuen Öffnung der Kirche" gegen eine verstaubte Schultheologie gewonnen hatten. Mit diesem Vorwissen begann ich zur Einführung in meine Arbeit, einige Dutzend Artikel zu meinem Promotionsthema zu lesen. Ich untersuchte die Argumentation der Autoren. „Subsistit in" – anhand eines einzigen Wortes wurde behauptet, die katholische Kirche erhebe nicht mehr den Anspruch, die einzige Kirche Jesu Christi zu sein. Doch die Diskussion wurde weitgehend ohne Argumente geführt. Da Archivmaterial nur sehr begrenzt zur Verfügung steht, ließ man sich vom Wunschdenken leiten, eine solch radikale Änderung des Kirchenverständnisses könne sich bei einem Konzil unbemerkt vollziehen. Doch zeugt dies nicht nur von einer großen Unkenntnis über die Art, wie das Konzil und seine Kommissionen gearbeitet haben, sondern auch von einer gefährlichen Tendenz in der Theologie. Aus einer lediglich mit Argumenten vorangetriebenen Wissenschaft wurde in diesem Fall häufig eine interessengeleitete „Meinungstheologie". Häufig steckt ein wahrhaft ökumenisches Interesse dahinter. Manchmal aber geht es – getarnt als Konzilsinterpretation – nur um eine Machtprobe mit der Kirche von

[1] Alexandra von Teuffenbach, Die Bedeutung des subsistit in (LG 8), Zum Selbstverständnis der katholischen Kirche, München 2002

Rom und um eine ständige, bewußte Grenzüberschreitung. Wer die Kirchengeschichte kennt, weiß, daß das nicht neu ist und genau das Leid zur Folge hat, das man „ökumenisch" überwinden möchte. Und schließlich hat eine Provokation, die auf die Spitze getrieben wird, nichts mit dem Konzil zu tun.

Kann Ökumene wirklich der Maßstab der Konzilsinterpretation sein?

Ist es nicht erstaunlich, daß es heute nicht mehr möglich ist, Theologie ohne Ökumene zu betreiben, während es ohne weiteres möglich scheint, Theologie ohne kirchliche Anbindung voranzutreiben? Sind wir wirklich den „evangelischen Mitbrüdern und Schwestern" mehr verpflichtet, als dem Lehramt unserer eigenen Kirche?

Eine solche verdrehte Haltung hat ihren Ausgang in einem tiefen Mißverständnis. Demnach war „nach dem Konzil" – so wird noch heute gesagt – „alles anders" geworden: Lehrbücher, die vor dem Konzil gebraucht wurden, sind heute in Mitteleuropa verpönt, und der Rückgriff auf die Tradition der Kirche gilt bereits als reaktionäres Treiben. Aber wo hat das Konzil denn zum Beispiel an der Lehre der Sakramente etwas geändert, oder an der Lehre über die Gnade? Nirgends! Das Konzil hat keine Lehre umgestoßen, sondern höchstens Vorhandenes aufgefächert, bzw. erweitert. Es hat weniger „lehrmäßig" gesprochen, sondern eher „freundliche" Worte gewählt.

Bei den zahlreichen Dokumenten, die das Konzil verabschiedete, muß schließlich auch noch berücksichtigt werden, mit welchem Grad von Verbindlichkeit das Konzil sprechen wollte. Auch dies ist in Vergessenheit geraten. Immer wieder höre ich, die Ökumene sei das höchste

Anliegen des Konzils gewesen, aber dies widerspricht den Tatsachen. Wenn es das Wichtigste gewesen wäre, hätte ihm dann nicht auch das wichtigste Dokument mit der höchsten Verbindlichkeit gewidmet werden müssen?[2] Das ist nicht der Fall. Die Verbindlichkeit des Ökumenismusdekretes ist die gleiche, wie die des Dekretes über die „sozialen Kommunikationsmittel", ein Dekret das heute weniger aktuell, in mancher Formulierung vielleicht bereits überholt und daher in Vergessenheit geraten ist. Auch das Ökumenismusdekret ist weitgehend „zeitbedingt": Die sechziger Jahre waren die Jahre, in denen die Konfessionen Schritte aufeinander zu tun mußten, um Vorurteile zu überwinden. Ist es heute dagegen nicht viel eher nötig, wesentliche Elemente des katholischen Glaubens klar darzulegen, vor allem die Notwendigkeit der katholischen Kirche für das Heil? Wenn das Konzil auch die anderen Konfessionen als „Mittel des Heils" würdigt, so nur, weil „deren Wirksamkeit sich von der der katholischen Kirche anvertrauten Fülle der Gnade und Wahrheit herleitet."[3] Wenn die katholische Kirche nun dieses ihr anvertraute Gut – dazu gehören in erster Linie die Eucharistie und die Weihe – auch nur zum Teil aufgeben würde, hätte sie nach der Logik des Ökumenismusdekretes den Heilsweg für alle verspielt – nicht nur für die Katholiken. Denn aus der „Fülle der Gnade und Wahrheit" schöpfen nicht nur der katholische Christ, sondern auch die Christen anderer Konfessionen.

---

[2] Die katholische Kirche allein – ihre Glaubensschatz und ihr Wesen – sind viel eher das Hauptthema des Konzils gewesen.

[3] Ökumenismusdekret "Unitatis Redintegratio"

Wenn gerade gebildete Katholiken, denen es eigentlich darum gehen müßte, daß „der katholische Glaube tiefer und richtiger ausgedrückt" wird, Konfessionsgrenzen einfach verwischen, wirkt dies befremdlich, denn „nichts ist dem ökumenischen Geist so fern wie jener falsche Irenismus, durch den die Reinheit der katholischen Lehre Schaden leidet und ihr ursprünglicher und sicherer Sinn verdunkelt wird".[4]
Aber wie kann man die wirklichen Forderungen des Konzils an uns von jenen unterscheiden, die nur der traurige Ausdruck von Fehlentwicklungen sind? Und wie kann man zu einer kritischen und genauen Bestimmung dessen gelangen, was das Konzil wirklich wollte?
Persönlich habe ich den Weg gewählt, alles das „kritisch zu hinterfragen", was angeblich als radikaler Einschnitt in der Lehre der vorkonziliaren Kirche gilt. Zu meiner Skepsis gehört die Frage: wo hat das Konzil das konkret gesagt. Meist enden hier die Gespräche, oder man beruft sich auf den „Geist des Konzils". Das Konzil selbst jedoch spricht nie von einem „radikalen Einschnitt" in der traditionellen Lehre der Kirche. Was nicht heißt, daß manche Ausdrucksformen unseres Glaubens nach dem Konzil nicht anders geworden sind. Doch an Ausdrucksformen kann und muß gefeilt werden, damit sie klarer den stets gleichen Inhalt zum Ausdruck bringen können.
Um zu verstehen, was das Konzil selbst wollte und die unversöhnlichen Konzilsinterpretationen zu überwinden, habe ich neben der Sekundärliteratur vor allem die Quellen konsultiert.

---

4 ibid. 11.

Von einem großen Schatz und seinen Grenzen:
Archivquellen in der Konzilsinterpretation

Im Jahr 2000 begann ich – nachdem ich bereits in einigen Archiven in Deutschland, Österreich und Italien Unterlagen des Zweiten Vatikanischen Konzils einsehen konnte – an den bis dahin weitgehend unbekannten Unterlagen des letzten Konzils im Geheimarchiv des Vatikan zu arbeiten. Durch die Archive tat sich mir eine andere Welt auf. Ich begann nicht nur das Thema meiner Doktorarbeit, sondern das ganze Konzil anders zu sehen.

Das heißt nicht, daß ich die Konzilsgeschichte, wie sie vor allem von einer bestimmten Schule maßgeblich vorangetrieben wird, rundweg ablehne. Doch hat sich in mir der Eindruck erhärtet, daß einen historischen Anspruch nur erheben kann, wer keine persönlichen oder politischen Interessen an ein Ereignis knüpft.

So gibt beispielsweise das sehr persönliche Tagebuch des französischen Dominikaners Yves Congar ein wenig objektives Bild ab, dies gilt auch für die Untersuchung der Konzilsunterlagen von Karl Rahner. Erst im Vergleich mit anderen Unterlagen stellt sich heraus, daß die Randbemerkungen Rahners gar nicht alle von Rahner selbst sind, sondern die Mitschrift der Änderungen, die eine Gruppe von Theologen gemeinsam vorgenommen hat. Und das kann das Bild – wenn auch vielleicht nur wenig – doch genau um das Detail verändern, das so wichtig ist. Das wird dann offensichtlich, wenn man von Rahner als „Ghost Writer“[5] des Konzils liest, anstatt von einem Rahner, der

[5] Siehe K. Rahner, Erinnerungen. Im Gespräch mit Meinhold Krauss, Innsbruck-Wien 2001, 81.

mit anderen versucht, seine theologischen Fähigkeiten in den Dienst des Konzils zu stellen.

Die Auswertung persönlicher Tagebücher dagegen muß mit aller Vorsicht vorgenommen werden, sagt sie doch oft mehr über den Schreiber, als über die von ihm beschriebene Realität. Zum Vergleich: wir lesen heute die Geschichte der nationalsozialistischen Diktatur in Deutschland nicht nur mit den Augen von Zeitzeugen, sondern bemühen uns, ein möglichst umfangreiches Bild zu bekommen. Wer diese Zeit selbst erlebt hat, wird mitunter bemüht sein, z. B. seine Unkenntnis der Konzentrationslager zu beteuern. Das ist sein Recht, wie es das Recht eines Konzilsteilnehmers ist, über einen anderen in seinem Tagebuch zu schreiben, was er persönlich empfindet. Nur ist dies noch lange nicht das ganze Bild der beschriebenen Person.

Ich meine, daß neben dem Mangel an Sachlichkeit in der theologischen Diskussion, dem mißverstandenen Ökumenismus und dem unkritischen Gebrauch von Quellen – der sehr fragwürdigen Auswertung von Akten – außerdem zwei Punkte bei der Geschichtsschreibung des letzten Konzils vergessen werden:

Da ist zunächst ein historisches Problem, es betrifft die politischen, vor allem inneritalienischen Implikationen der Konzilinterpretation bis heute. In Italien ist die Universität sehr „politisch", und dies ist auch bekannt. Man weiß, welcher Partei ein Professor angehört oder nahesteht und versucht, Politisches von Inhalten zu trennen. Wenn jedoch italienische Konzilsinterpretationen nach Deutschland exportiert werden, dann geht das manchmal mit deutschen Interessen einher, und der politische Hintergrund auf dem die Auswahl der Quellen, deren Auswer-

tung und das abschließende Urteil erst verständlich werden, sind als solche nicht mehr erkennbar. Das kann zu Einseitigkeiten führen.
Außerdem geht es um die Frage nach dem „Geist des Konzils“, über den noch immer undifferenziert gesprochen wird, als wüßte man nicht, daß es durchaus Geist und Ungeist geben kann. Der wirkliche „Geist des Konzils“, wie das gesamte Konzil, müssen im Licht des Geistes Christi gelesen werden, ein Geist, der nur innerhalb der Kirche und nur aus der Haltung von Selbstverleugnung und Opfer verständlich wird.

Italienische Innenpolitik: warum die „Progressiven“ in der nachkonziliaren Interpretation siegreich sind

Das Zweite Vatikanische Konzil ereignete sich nicht im „luftleeren“ Raum, sondern in einer der spannungsreichsten Augenblicke der Nachkriegsgeschichte. Man möge sich nicht nur den Mauerbau von 1961 vor Augen halten oder die Kubakrise 1962, sondern auch und vor allem die Geschichte Italiens. Die italienischen Bischöfe waren auf dem Konzil so zahlreich vertreten wie keine anderen. Die Kurie bestand in der Hauptsache aus Italienern und auch der Papst war Italiener. Ja, gerade Johannes XXIII., der heute so gern „progressiv“ genannt wird, bestätigte 1959 als Präfekt des Heiligen Offiziums das Verbot für Italiener „bei der Wahl von Volksvertretern ihre Stimme solchen Parteien oder Kandidaten zu geben, die zwar keine der katholischen Lehre entgegensetzte Prinzipien verkünden, ja sogar den christlichen Namen für sich beanspruchen, tatsächlich jedoch sich mit den Kommunisten verbinden und sie mit ihrer Handlungsweise unterstützen“.[6]

Die Jahre des Konzils und seiner Vorbereitung sind in Italien die Jahre, in denen sich bestimmte Kreise in der Kurie mit aller Macht in die Politik einmischten, um eine Regierungsmehrheit der Christdemokraten mit der sozialistischen Partei zu verhindern. Dabei nahm man vor allem Einfluß auf die katholischen Kreise und bemühte sich, den linken Flügel innerhalb der Christdemokraten zu blockieren. Dieser war nach den Wahlen 1958 an die Macht gekommen und folgte mit großem Interesse dem Aufruf des Sozialisten Nenni, sich endlich „nach links" zu öffnen. Einer der erfolgreichsten Männer des linken Flügels war bis kurz vor dem Konzil der in Deutschland unbekannte Giuseppe Dossetti.[7] Bereits 1956 war er zwar aus der aktiven Politik ausgeschieden und 1959 Priester geworden, doch hatte er bis zu seinem Tod 1996 großen politischen Einfluß, nicht zuletzt auf seinen Schüler Romano Prodi. Man mag sich fragen, was dies mit dem Konzil zu tun hat und mit dessen objektiver Interpretation, die heute wichtiger denn je ist. Mag man auch der italienischen Politik einen Raum im Konzil einräumen, kann man sich doch kaum ein Fortdauern dieses Einflusses bis heute vorstel-

---

6 H. Denzinger, P. Hünermann, Kompendium der Glaubensbekenntnisse und kirchlichen Lehrentscheidungen, nr. 3930.

7 Dossetti war nach der Zeit als Widerstandskämpfer im Zweiten Weltkrieg Mitarbeiter an der italienischen Verfassung, er gehörte zum äußersten linken Flügel der Christdemokraten. Er war zeitweise Vizesekretär der Partei. Politisch wurde seine Meinung vor allen durch die klare Position für „die armen Leute" und gegen den Nato-Beitritt Italiens bekannt. Ideologisch vertrat er einen Sozialismus nach sowjetischen Modell, den er – wenn auch ohne den dialektischen Materialismus – für kompatibel mit der katholischen Soziallehre hielt. Doch die führende Richtung in der Partei war eine andere. Enttäuscht zog sich der Professor für Recht in Bologna 1952 aus der aktiven Politik zurück, trat 1956 noch einmal erfolglos für die Bürgermeisterwahlen seiner Heimatstadt Bologna an und gründete schließlich im selben Jahr, mit Unterstützung des damaligen Bischofs von Bologna, Giacomo Kardinal Lercaro, eine Ordensgemeinschaft. 1957 gab er auch die Professur auf und wurde 1959, auch wieder durch Lercaro, zum Priester geweiht.

len. Doch liegt hier ein bedeutsamer Schlüssel für die Konzilsinterpretation. Denn eben diesen politisch aktiven Priester und Ordensmann Giuseppe Dossetti nimmt Giacomo Kardinal Lercaro als Theologe zum Konzil mit. Als dies kirchenpolitisch nicht mehr haltbar ist, wird Dossettis Aufgabe von dessen Schüler Giuseppe Alberigo übernommen. Heribert Schauf „durchschaut" in seinem Konzilstagebuch bereits während des Konzils Giuseppe Alberigos Haltung. Doch Schauf wird in der Konzilsinterpretation bis heute nicht berücksichtigt. Er ist sogar in völlige Vergessenheit geraten. Warum?

Giuseppe Alberigo übernahm nicht nur die Stelle des Konzilsperitus, sondern auch jenes von Dossetti 1952 in Bologna eingerichtete Dokumentationszentrum, das heute „Istituto per le scienze religiose" heißt. Aus diesem Zentrum ist unter der Leitung von Professor Alberigo jene fünfbändige Konzilsgeschichte hervorgegangen, die heute das unumgängliche und einzige Standardwerk zum Konzil ist.[8]

Es ist nicht verwunderlich, daß man darin nicht nur kein gutes Wort über die Kurie während des Konzils findet, insbesondere nicht über die führenden „Antikommunisten" jener Jahre, sondern auch nicht über Heribert Schauf oder dessen Lehrer Sebastian Tromp sowie alle diejenigen, die andere politische Haltungen unterstützten als Kardinal Lercaro.

---

[8] Dieses Sammelwerk mit qualitativ sehr unterschiedlichen Beiträgen, ist in der deutschen Ausgabe nicht vollständig. Die Übersetzung trägt den Titel „Geschichte des zweiten Vatikanischen Konzils". Nach dem Tod von Klaus Wittstadt trat Günther Wassilowsky als deutscher Herausgeber ein.

Ich halte diese Konzilsinterpretation für durchaus verständlich, weil Alberigo selbst auf dem Konzil war und man ihm kaum vorwerfen kann, daß er es aus seiner Perspektive heraus sieht. Doch nur wenn man die Hintergründe kennt, wird man wirklichen Nutzen aus dem Studium dieser Konzilsgeschichte ziehen können, das Wertvolle manch einseitiger Stellungnahmen und Blickwinkel unterscheiden können und sich auf anderen Wegen ein historisch vollständigeres Bild verschaffen.
Es ist kritisch anzumerken, daß diese Aufgabe nicht geleistet wurde.[9] Gerade in Deutschland wird – aus verschiedenen Gründen – kein Schritt getan, um diese Sichtweise zu ergänzen oder wenigstens kritisch zu hinterfragen. Im Gegenteil werden die Haltungen dieser Konzilsgeschichte allzu oft unreflektiert übernommen und quasi dogmatisiert.[10]
Die Interpretation des Zweiten Vatikanischen Konzils entbehrt bis heute weitgehend einer historischen Perspektive, vor allem weil sie zur Profilierung persönlicher oder politischer Interessen betrieben wird bzw. diese nicht erkannt werden.

---

9 Es ist bedenklich, daß unzählige private und kirchliche Archive in Deutschland ihr Material oder die gesamten Ablichtungen ihrer Bestände diesem Zentrum in Bologna übergeben haben und diese Gruppe bestimmen lassen, welches Material von Forschern gesichtet werden darf! Nichts kann die historische Wirklichkeit so stark und so langfristig verdrehen, wie das geschickte Hantieren mit Archivquellen.

10 Mir ist in Deutschland keine wirklich kritische Haltung führender Konzilsinterpreten zu dieser Konzilsgeschichte bekannt.

Von Geist und Ungeist des Konzils

Verschiedene Seiten wollten mich glauben machen, daß es einen „Geist des Konzils" gegeben habe. Wer das Konzil nicht „linientreu" interpretiert, dem wird oft vorgeworfen, er habe den „Geist des Konzils" nicht verstanden.
Da ich der Generation angehöre, die nach dem Konzil geboren worden ist, kann ich mir diesen Geist natürlich nur vorstellen. Ich frage mich oft, ob es sich um jenen Geist handeln könnte, der Menschen begeistert, die gemeinsam für ein Ideal arbeiten, kämpfen und oft den letzten Rest an Kraft dafür aufbrauchen? Um wieviel mehr muß dieser Geist in Menschen spürbar gewesen sein, die ihr Leben dem Ruf eines Gottes anvertraut haben, der selbst Geist ist. Waren nicht gerade sie besonders empfänglich für einen „Konzilsgeist"? Gehörte nicht auch das Bewußtsein dazu – stellvertretend für einige hundert Millionen Menschen – an einem historischen Ereignis teilzunehmen, an Entscheidungen beteiligt zu sein, d. h. am Rad der Geschichte ein wenig mitzudrehen? Der Geist des Konzils wäre damit für die Konzilsteilnehmer eine gute und zugleich eine gefährliche Größe. Gut deshalb, weil er die klassischen Geistesgaben brachte, schlecht, in dem Augenblick, in dem Konzilsteilnehmer nicht mehr erkannten, daß der Geist ihnen „zweckgebunden" gegeben war – also nicht zur eigenen Profilierung, nicht zum Durchsetzen persönlicher Vorstellungen und ganz sicher nicht gegen die Kirche.
Auch die Archive zeugen von diesem Geist, wenn man sich das vielleicht – man denke an das Bild vom Archiv als staubige Ansammlung von Papier – auch nicht vorstellen kann. Doch gerade in diesen Papieren kann man sehen, wie viel Arbeit manche Theologen auf dem Konzil bewäl-

tigen konnten und wollten und dies ohne Rücksicht auf ihr Ansehen und ihre Stellung. Die persönliche Geschichte von Sebastian Tromp und Gérard Philips, erster und zweiter Sekretär der Theologischen Kommission auf dem Konzil, zeugt von diesem Geist, der ungeahnte Kräfte und Möglichkeiten freisetzte, ein Geist, der jedoch nicht aus „Rampenlicht" bestand, sondern aus dem treuen Dienst an der Kirche bis zum persönlichen Opfer der eigenen Gedanken, Wünsche und Vorstellungen, der eigenen beruflichen Karriere und nicht zuletzt der Gesundheit.

Als Theologin der Generation „nach dem Konzil" hatte ich die Möglichkeit, das Konzil als Stück Geschichte kennenzulernen, ohne mich einer „Richtung" des Konzils verpflichtet fühlen zu müssen. Für mich liegen heute diese Meinungen, Richtungen und Überzeugungen auf den Tischen der Archive ausgebreitet. Dankbarkeit erfüllt mich, wenn ich sehe, was ich dieser Generation schulde: sie haben um die Reinhaltung des Glaubens und dessen Entfaltung gekämpft. Manches hat sich nach dem Konzil wohl verändert, und immer wieder wird mir erklärt, heute gebe es mehr Freiheit in der Kirche. Dies ist mir als Frau – vor dem Konzil hätte ich wohl kaum in Rom Theologie studieren können – jeden Tag bewußt. Mir ist jedoch auch klar geworden, daß diese „Freiheit" der nachkonziliaren Kirche niemals und von keinem Konzilsteilnehmer so verstanden wurde, daß fortan der Theologe trotzig alle Möglichkeiten auskoste – und „Grenzen" ausprobiere. Noch viel weniger kann ich akzeptieren, daß man sich je nach Gusto aus der Lehre der Kirche etwas heraussucht. Viele Teilnehmer des Konzils gingen nach den Jahren der Diktaturen in Europa davon aus, daß auch die Katholiken verantwortlich mit „Freiheit" – im Sinne von „Mündigkeit"

– umgehen müssen. Das sollte jedoch für sie nicht bedeuten, die Kirche auszuhöhlen oder damit persönliche Interessen zu befriedigen, sondern sich in großer Freiheit und damit mit mehr Entschiedenheit und Kraft für die Kirche und ihre gesamte Lehre zu entscheiden und zu ihr zu stehen. Nur in diesem Sinne scheint mir eine wirkliche Interpretation jenes vielgerühmten „Konzilsgeistes" möglich.
Ich möchte also gerade gegen die vielfach von der sogenannten „traditionellen" Richtung geäußerten Meinungen zu behaupten wagen, nicht das Konzil und auch nicht der „Geist des Konzils" seien Schuld an der mangelnden Überzeugungskraft der Kirche in heutigen Mitteleuropa, sondern höchstens dessen falsche Interpretation. Ich denke, das zweite Vatikanischen Konzil ist tatsächlich ein „Pfingsten der Kirche" gewesen. Doch die wirklichen Teilnehmer am ersten Pfingstfest der Kirche, waren nicht auf Händen getragene, ruhmreiche Helden einer menschlichen Erfolgsgeschichte, sondern Bekenner, Heilige und Märtyrer. Wenn es der Geist Gottes ist, dann hat er auch zwischen 1962 und 1965 nicht anders gewirkt: Auch hier können die wirklichen Zeugen nur jene gewesen sein, die nach dem „Konzilspfingsten" zum Glauben und zur ganzen kirchlichen Lehre standen und dafür auch Opfer in Kauf nahmen.
Mit den Artikeln, die ich zwischen 2002 und 2004 für „Die Tagespost" schrieb, habe ich versucht jenseits der Klischees und politischer Deutungen, das Wirken ausgewählter Konzilsteilnehmer und ihrer Arbeit zu beleuchten. Dabei schrieb ich für ein breites, jedoch interessiertes und mit den grundlegenden Fakten vertrautes Publikum. Ich stellte manche „Konzilspersönlichkeit" vor, so wie sie mir durch Archivakten beinahe lebendig vor Augen

erschien. Im Konzil waren viele wirkliche Bekenner, Heilige und vielleicht auch „Märtyrer". Bei aller Menschlichkeit und Schwäche, die es auch gibt, meine ich, kann man auch hier „Konzilsgeist" spüren. Diese „Konzilspersönlichkeiten" lassen das Konzil und seine Beschlüsse zum Teil neu verstehen. Nicht mehr in einem scheinbar unauflösbaren Widerspruch zwischen „traditioneller Sicht" und „geistlichem Aufbruch", sondern in einer ruhigen Kontinuität des Wesentlichen, die den Glauben der Kirche vor und nach dem Konzil auszeichnet und zugleich mit dem wachen Blick für die Welt von heute, die von den Christen wirkliche Flexibilität und steten „Aufbruch" fordert. Gerade durch das Sichten der Arbeit einzelner Konzilsteilnehmer wird – jenseits aller theologischer Spekulation – ein Blick auf eine neue, ergänzende Konzilsinterpretation möglich.

Nördlich der Alpen formierte sich der Widerstand

Das Zweite Vatikanische Konzil läßt sich schwer in die Reihe der vorangegangenen Konzilien einordnen. Denn bis dahin hatte es bei jeder Kirchenversammlung dieser Art eine weit verbreitete falsche Glaubensauffassung gegeben, die es zu verurteilen galt. Doch in den fünfziger Jahren des vergangenen Jahrhunderts schien kein „Gegner" die Kirche so zu bedrohen, daß er die Einberufung eines Konzils erforderlich gemacht hätte. Trotz des Kalten Krieges war überall in der Welt eine Aufwärtsentwicklung festzustellen – auch in der Kirche. Man beseitigte die Kriegsschäden. Die Zukunft wirkte verheißungsvoll. Die Priesterseminare waren sehr gut besucht, und die Theologie erlebte einen ungeahnten Aufschwung.

Papst Pius XII. hatte bereits Anfang der fünfziger Jahre versucht, einen auch schon von seinen Vorgängern gehegten Plan zu verwirklichen: Es war an der Zeit, das vorzeitig abgebrochene Erste Vatikanische Konzil (1869/70) zu Ende zu führen. Namhafte Theologen und einige Kardinäle der römischen Kurie bildeten Arbeitsgruppen, und die ersten Entwürfe für die Dokumente wurden erstellt.[1]

Doch Pius XII. berief das Erste Vatikanische Konzil nicht wieder ein. Dies tat dann wenige Monate nach seiner Wahl Papst Johannes XXIII. am 25. Januar 1959 in Sankt Paul vor den Mauern in Rom vor einer Gruppe von Kardinälen. Zumindest kam es der Gruppe von Theologen und kirchlichen Würdenträgern so vor, die wenige Jahre

---

[1] Dieser Versuch, das I. Vatikanische Konzil wieder einzuberufen, wird in der Literatur zum II. Vatikanischen Konzil völlig vergessen, obwohl sehr viele Beteiligte acht Jahre später, bei der Einberufung unter Papst Johannes XXIII. wieder dabei waren und Schlüsselpositionen einnahmen.

zuvor die mögliche Fortsetzung des Ersten Vatikanums vorbereitet hatten. Erst im Dezember 1959 zeigte sich, daß es ein „neues" Konzil werden sollte. Nicht die Weiterführung des Ersten Vatikanums war geplant, sondern man sprach vom Zweiten Vatikanischen Konzil – ein erstaunlicher Entschluß des Historikers auf dem Papstthron, der 1962 mit dem Schreiben „Veterum Sapientia" das Latein wieder überall in der Kirche verbindlich machte.

Aufgabe des kommenden Konzils sollte es nicht nur sein, die Lehre des Ersten Vatikanums zu vollenden, sondern sich der Probleme anzunehmen, die seitdem in der Kirche aufgetaucht waren. Welche Fragen waren vorrangig? Was sollte besprochen werden? Die größte Umfrage in der Kirchengeschichte unter den Bischöfen, einigen Universitäten und den römischen Dikasterien fiel denkbar nüchtern aus. Eine wirkliche Crux war nicht zu erkennen – eher eine Vielfalt örtlicher Schwierigkeiten. Viele Bischöfe wollten Klärungen zu Fragen des Umgangs mit den getrennten Christen. Andere suchten nach einer Zusammenfassung der Kirchenlehre. Fragen der Moral, des Umgangs mit Schrift und Tradition der Kirche und einer verbindlichen Gesellschaftslehre kamen hinzu. Die Meßfeier sollte in der Landessprache gefeiert werden. Viele forderten die Verurteilung des Kommunismus.

Die eingesandten Antworten füllten fast zehntausend Seiten. Doch die maßgebenden Stimmen kamen aus der Wiege der Theologie der letzten Jahrhunderte: deutsche, französische, belgische sowie holländische Bischöfe und Theologen hatten das Sagen. Nach der nationalsozialistischen Gewaltherrschaft und mit Blick auf das furchtbare Bild der kommunistischen Diktatur in Osteuropa wurde auch in der Kirche „ Meinungsfreiheit" verlangt. Die Devise lautete, nicht mehr der von der Tradition und dem kirchlichen Lehramt vorgegebenen Linie zu folgen, sondern die soeben eroberten theologischen Quellen, die Heilige Schrift und die Kirchenväter gelte es zu interpretieren. Dies bedeute Freiheit und Wissenschaft. Die großen, in der Schultheologie geformten Theologen wie Karl Rahner, Yves Congar, Jean Daniélou, Henri de Lubac, Hans Urs von Balthasar genossen die Freiheit, die Quellen heranzuziehen und die theologische Welt neu zu sehen. Dabei erregten sie die Aufmerksamkeit derer, die den Glauben in der Kirche hüten sollten. Eingriffe des Heiligen Offiziums wurden mit Verletzung, Wut und Empörung aufgenommen. In dieser Stimmung ein Konzil abzuhalten, zu einer Zeit, in der es keinen gemeinsamen „Gegner" für die ganze Kirche gab, mußte dazu führen, daß sich nördlich der Alpen sehr schnell herumsprach, der wirkliche Feind sei das Heilige Offizium selbst, oder sogar die gesamte Römische Kurie. „Rom" dagegen sah die Dinge natürlich ein wenig anders. Hier sammelte man eifrig die Eingaben der Bischöfe und ordnete sie nach einem ausgeklügelten System. So verschaffte man sich einen Überblick über das Meinungsspektrum innerhalb des Weltepiskopats. Auch das Heilige Offizium erstellte Listen mit zu verurteilenden Haltungen aufgrund der Erfahrungen der vergangenen Jahrzehnte.

Die Zeit der Vorbereitung auf das Zweite Vatikanum begann im Juni 1960. Johannes XXIII. beauftragte die Theologische Kommission mit dem Entwurf der Dokumente, die Fragen der Heiligen Schrift, der Tradition und der Sittenlehre behandeln sollten. Neun weiteren Kommissionen wurden disziplinäre Fragen zugewiesen, zwei Sekretariate sollten sich mit dem Verhältnis zu den getrennten Christen und den Medien befassen.[2] Der Papst wollte mit dieser Arbeitsaufteilung auch einen Anstoß geben. Es sollten vorrangig disziplinäre Fragen behandelt werden, also Fragen die nicht die Lehre, sondern die Handlungen der Kirche betrafen. Dazu gehörten beispielsweise die Gestaltung der Liturgie, das Ordensleben, die Ausbildung des Priesternachwuchses, das Verhältnis zu den „sozialen Kommunikationsmitteln", zu Presse, Film, Rundfunk und Fernsehen.

Die Gründung des Sekretariats für die Einheit der Christen hatte auch einen historischen Anlaß: Die Versuche, die orthodoxen Kirchen zum Ersten Vatikanischen Konzil einzuladen, waren aus diplomatischen Gründen völlig fehlgeschlagen. Ein Papst wie Johannes XXIII., der viele Jahre Nuntius gewesen war, hatte Erfahrung genug, um zu wissen, daß er diesem Problem Aufmerksamkeit schenken mußte, und so richtete er dafür ein Sekretariat ein. Der diplomatisch geschickte Professor für Altes Testament, der Jesuit Augustin Bea – von Johannes XXIII. zum Kardinal erhoben – war wie geschaffen für die Leitung des Einheitssekretariates.

Die Ernennung des italienischen Kurienkardinals Alfredo Ottaviani, der höchste Mann nach dem Papst im Heiligen Offizium, zum Vorsitzenden der Theologischen Vorbereitungskommission brachte dagegen deutlich zum Ausdruck, daß es Johannes XXIII. nicht darum ging, neue Lehren und eine neue Theologie durch das Konzil absegnen zu lassen. Papst Johannes war „il papa buono" – „der gute Papst", aber er war nicht der fortschrittliche Papst, den

---

[2] Siehe das Motu Proprio von Johannes XXIII, *Superno Dei nutu*, das die Vorbereitungszeit einleitet.

manche aus ihm machen. Die Kurie stand nicht gegen ihn, sondern an seiner Seite, und er stand hinter der Kurie. Seine Güte entsprang seinem Naturell, seiner bäuerlichen Kindheit und dem zwanglosen Umgang mit einfachen Menschen, deren Herzen er mit wenigen Worten zu erreichen wußte. Darin unterschied er sich von seinem eher asketisch und intellektuell wirkenden Vorgänger auf dem Papstthron. Papst Johannes war tief in der Tradition der Kirche verwurzelt und schätzte diese nicht nur, sondern wollte sie auch fördern.

Und dies geschah nicht zuletzt durch die Ernennung der Sekretäre sowie der Mitglieder und Konsultoren der Kommissionen. Nördlich der Alpen wertete man die Berufungen schnell als einseitig ab. Man meinte, die Ernennung von weniger „romtreuen" Theologen wie Congar und de Lubac in die Theologischen Kommission dem Papst zu verdanken. Daß dies nicht auf Betreiben des Papstes geschah, sondern politisch geschickt vom Jesuitenpater Franz Hürth von der Gregoriana-Universität vorgeschlagen worden war, dazu liegen in den Archiven die Beweise vor. Hürth hatte beide Theologen auf seiner Liste zur Ernennung angestrichen und dazu geschrieben: „Dies wird den Gegnern den Mund schließen."[3]

Dreißig Bischöfe und Theologen arbeiteten schließlich an der Erstellung der theologischen Dokumente. Diese Dokumente sollten sich als Stolperstein auf dem Weg des Konzils erweisen. Doch zunächst war die Entstehung der Kirchenkonstitution, der Konstitution über die Moral und Soziallehre, der Konstitution über den Glaubensschatz und über die Quellen der Offenbarung eine unvorstellbare

---

[3] Archiv Gregoriana, Hürth.

theologische Knochenarbeit. Allein zur Erstellung des Kirchenschemas traf sich eine kleine, international zusammengesetzte Gruppe von Theologen in eineinhalb Jahren mehr als hundert Mal. Doch nicht alle Theologen konnten an den Sitzungen teilnehmen bzw. bekamen Einladungen. Man hatte sich bemüht, Theologen verschiedener Richtungen kommen zu lassen, doch es gab auch Ausgeschlossene.

Als die Dokumente an die Gruppe der sechzig Kardinäle und Bischöfe der Zentralkommission gesandt wurden, die ihr letztes Placet geben sollte, schickte der Erzbischof von Wien, Kardinal Franz König, seine Unterlagen an Karl Rahner. Der Jesuitenorden hatte zu jener Zeit ein Werk Rahners zensiert. Dahinter vermutete dieser das Offizium, d. h. Kardinal Ottaviani und seinen berühmtesten Helfer, Sebastian Tromp. Tief getroffen schrieb Rahner in einem langen Brief an den Kardinal in Wien, er werde alles theologische Tun beenden und auch die bereits angenommenen Arbeiten – zum Beispiel die Mitherausgabe des Lexikons für Theologie und Kirche – niederlegen. Rahner wertete seine „Nichtberufung" in die Theologische Vorbereitungskommission als weiteren Angriff auf seine Person und seine Theologie.[4] Diesem Urteil schloß sich seine Umgebung an.

Im Frühjahr 1962 erhielt Rahner von Kardinal König die Vorschläge der Theologischen Vorbereitungskommission. Es war menschlich verständlich, daß er daran nichts Gutes finden konnte. Zusammen mit anderen, von den Arbeiten der Theologischen Vorbereitungskommission ausgeschlossenen Theologen hielt er im Spätsommer

[4] Karl Rahner-Archiv Innsbruck, Schriftwechsel mit Kardinal König.

1962 in Deutschland ein Treffen ab. Das Fazit lautete: Sämtliche Dokumente rundweg ablehnen und ersetzen. Das Konzil begann am Fest der Mutterschaft Mariens, dem 11. Oktober 1960, mit einer großartigen Eröffnungszeremonie. Yves Congar fand sie furchtbar und verließ seinen Platz in der zur Konzilshalle umgestalteten Basilika Sankt Peter noch vor der Ansprache des Papstes.[5] Der Dominikaner war wohl in die Theologische Vorbereitungskommission berufen worden, aber oft abwesend gewesen. Er hatte Mühe, sich an die Vorgaben zu halten – die gemeinsame Sprache war Latein und nicht Französisch, seine Arbeit mußte sich der Kritik stellen und in das Gesamt der Arbeit einfügen lassen. Und seine Feder im persönlichen Konzilstagebuch ist sehr spitz.

Congar starb 1995. Sein Tagebuch sollte erst im Jahr 2000 der Öffentlichkeit zugänglich gemacht werden, bildete aber bereits 1995 die Grundlage für ein Standardwerk zum Zweiten Vatikanischen Konzil.[6] Zusammen mit der Sichtweise Rahners – der seine Meinung in verschiedenen Vorträgen auch öffentlich geäußert hat – ergibt sich ein ganz besonderes Bild dieser letzten großen Bischofsversammlung.

Man hatte nun einen Gegner: Was Luther in Trient war, war für das Zweite Vatikanum die „Schultheologie", die Theologen, die sie vertreten und das Bollwerk des Bösen, das Heilige Offizium.

Natürlich griffen die Zeitungen dieses vereinfachte Muster sofort auf. Was ist leichter von einem Konzil und seiner

---

[5] Yves Congar, *Mon Journal du Concile*, Bd. I, 105ff., 11.10.62.

[6] *Geschichte des Zweiten Vatikanischen Konzils* (1959–1965), dt. Ausgabe Hrsg. von G. Alberigo, K. Wittstadt, Mainz, Leuven 1997. Der erste Band des fünfbändigen Werkes in italienischer Sprache ist im Jahr 1995 veröffentlicht worden.

geheim gehaltenen Vorbereitung zu erzählen, als von einem ewigen Kampf zwischen Gut und Böse, zwischen vernünftig-progressiv und verstockt-konservativ? In dieses Strickmuster konnte man Diskussionen, Sachlagen, Personen, ja sogar ein Schweigen verweben, und es wurde nie langweilig.

Der Tenor der Berichterstattung über den ersten Sitzungstag nach der feierlichen Eröffnung klang entsprechend so: Auf Wunsch der Kurie, die den Verlauf des Konzils bestimmen wollte und verhindern wollte, daß die Bischöfe selbstständig entschieden, sollten am ersten Sitzungstag die Konzilskommissionen gewählt werden. Nachdem sich die Bischöfe untereinander noch nicht kannten, hoffte man auf die Wiederwahl der Kommissionen aus der Vorbereitungszeit. Das sei ein hinterhältiger Trick der Kurie gewesen, um diese konservativ rückständige Kommissionen beibehalten zu können. Die Bischöfe hätten gerade gehorsam wählen wollen, als der Erzbischof von Lille, Kardinal Liénard vom Tisch des Präsidiums aus das Wort ergriff und einen Aufschub forderte. Man solle sich zunächst einmal kennenlernen, anschließend könnten die Bischofskonferenzen eigene Listen erstellen. Dieser mutigen Intervention seien die Worte von Kardinal Frings gefolgt, der sich dem Vorschlag anschloß. Dies habe die Konzilsgeschichte gewendet. Die Kurie habe nicht mehr einfach schalten und walten können, wie sie wolle.[7]

Doch war dies eine objektive Sichtweise? Wird man so dem Konzil in seiner historischen Wirklichkeit gerecht? Ist es das, was aus den nun geöffneten Archiven zum Zweiten Vatika-

[7] In diesem Tenor erzählt die Geschichte des Zweiten Vatikanischen Konzils die erste Versammlung der Bischöfe zwei Tage nach der Eröffnungszerimonie.

num hervorgeht? Gab es einen gemeinsamen „Gegner", gegen den sich die Mehrheit der Theologen und Bischöfe sowie viele Kardinäle stellen mußten? War dieser Feind wirklich die Kurie, das heißt Kardinal Ottaviani und seine Helfershelfer? War dieses Konzil einberufen worden, um gegen den kirchlichen „Apparat", gegen die Konservativen, die Schultheologie, das Heiligen Offizium zu urteilen?

Während das Konzil bereits mit der Diskussion der Liturgiekonstitution begonnen hatte, saßen Ottaviani und der Sekretär der Theologischen Kommission, Sebastian Tromp, noch über den vom Latinisten verbesserten Texten. Diese mußten noch einmal überarbeitet werden, denn der Latinist hatte beispielsweise einfach „Männer" statt „Menschen" geschrieben. Ottaviani ließ den Text so umschreiben, daß Frauen nicht ausgeschlossen wurden. Der als Großinquisitor geltende Kardinal war sehr sensibel und durchaus pastoral eingestellt. Dies konnte man gerade an dem von ihm unterstützten Waisenhaus in Trastevere, seinem Geburtsviertel in Rom und an dem von ihn geförderten Ausbildungsstätte für Mädchen erkennen. Es war wohl nicht nur Trotz, sondern auch persönliche Verletzung, daß der Kardinal sich vierzehn Tage lang in der Konzilsaula nicht blicken ließ, als die Bischöfe wegen der Unterbrechung seiner Rede durch den Vorsitzenden Beifall klatschten. Wie der Kölner Kardinal Frings hatte auch Ottaviani ein Augenleiden und war dadurch fast blind. Er war nicht in der Lage, geschickte Pläne zu schmieden und allzu oft ein Spielball des Willens seiner Umgebung. Semmelroth und Rahner[8] wunderten sich, daß sie von ihm freundlich behandelt wurden. Die Rolle,

[8] Siehe Tagebuch Semmelroth.

die er als Glaubenshüter im Heiligen Offizium innehatte, war nur eine Rolle, sie entsprach ihm selbst wenig.

Aber war die Theologie vor dem Zweiten Vatikanum wirklich so schlecht? Kann es möglich sein, daß lediglich eine kleine Gruppe europäischer Theologen entdeckt haben soll, was wirklich „Theologie" ist, was es heißt, über „Gott nachzudenken"? Statt das Wort des Papstes aufzugreifen und aus dem Zweiten Vatikanum ein pastorales Konzil werden zu lassen, statt sich damit zu beschäftigen, die gemeinsamen Inhalte ansprechender darzustellen, gingen die meisten Theologen und Bischöfe in die Opposition. Man warf die Arbeit der Theologischen Vorbereitungskommission pauschal über Bord und erstellte in aller Eile andere Dokumente.

Doch bevor ein Dokument als Arbeitsgrundlage dienen konnte, bedurfte es der offiziellen Annahme. Dann konnte die Arbeit fortgesetzt werden. Es hat einige Monate gedauert, bis ein gemeinsames Arbeiten in den Kommissionen nicht mehr von gegenseitigen Blockaden, sondern von einem vielleicht mißtrauischen, dann aber doch wachsenden „Miteinander" geprägt war. Erst ein knappes Jahr nach Einberufung des Zweiten Vatikanischen Konzils entwickelte sich in den Kommissionen eine wirklich positive Zusammenarbeit. Man kannte sich und schätzte auch im theologischen Gegner Fachkenntnis, Loyalität, Ausgewogenheit und Präzision.

So entstanden die Dokumente, die man heute als Konstitutionen, Dekrete oder als einfache Erklärungen kennt.

Es sollte schließlich nichts definiert werden. Selbst eine Konstitution tut dies nicht. Sie gibt eine Richtung vor. Tausende Bischöfe hatten sich zu einem Konzil zusammengefunden, um darüber zu sprechen, wie die Kirche ihrer

Botschaft treu sein und den Menschen in der heutigen Zeit näher kommen konnte. Papst Johannes wollte die Fenster in der Kirche nicht aufmachen, um den Glaubensschatz hinauszuwerfen, sondern um frischen Wind hinein zu lassen. Der Glaubensschatz sollte nicht modern sein, sondern lebendig. Johannes XXIII. starb nach langer Krankheit 1963. In Rom stand fest, wen sich „il papa buono" als Nachfolger wünschte: Kardinal Giovanni Battista Montini. Er setzte das Werk seines Vorgängers fort. Drei von den vier Sitzungsperioden des Zweiten Vatikanischen Konzils fanden unter Paul VI. statt. Er war nicht mit dem Charisma seines Vorgängers ausgestattet und wirkte eher ängstlich. Schwere Entscheidungen wurden an ihn herangetragen. Wurden sich die Theologen und Bischöfe nicht einig, mußte er eine Entscheidung treffen. Vor allem aber mußte er das Konzil zur Eile antreiben. Es mußte etwas verabschiedet und dann in der ganzen Welt umgesetzt werden. Darin liegt das große Werk Paul VI. Ihm oblag die schwere Aufgabe, von Rom aus die theoretischen Vorgaben des Konzils zur Pastoral werden zu lassen.

Vieles ist da noch zu tun. Manchmal hört man, das Zweite Vatikanische Konzil sei im Grunde noch gar nicht verwirklicht. Das ist sicher richtig. Noch diskutiert man darüber, wer das Konzil eigentlich gewonnen hat, was am katholischen Glauben verändert wurde, was man nach dem Zweiten Vatikanum nun „darf" oder „nicht darf", „glaubt" oder „nicht glaubt". Dabei war es Papst Johannes klar: Es ging nicht darum, die Lehre zu verändern, sondern den Glaubensschatz unverändert an die Menschen von heute heranzutragen.

In seinen letzten Lebensjahren war Karl Rahner sehr besorgt über die junge Theologengeneration. Er war sich bewußt geworden, daß er auf einem soliden Boden vorkonziliarer Theologie gestanden hatte, als er und einige andere die Theologie dem frischen Wind der Welt aussetzten. Doch die Generationen nach dem Konzil hatten diese Wurzeln nicht. Nicht die Frage nach dem Sieger auf dem Konzil beschäftigte den alten Rahner, sondern die Frage, wohin eine Theologie ohne Wurzeln vom Wind der Welt geblasen würde.

Sebastian Tromp SJ

In manchen Epochen der Kirchengeschichte war es nicht ungefährlich, eine eigene Meinung zu äußern, neue Theorien zu entwickeln oder Zweifel an der kirchlichen Lehre zu äußern. Dies bekamen bedeutende Denker wie Yves Congar, Henri de Lubac und Karl Rahner auch noch in der ersten Hälfte des letzten Jahrhunderts zu spüren.[9] Zu den Vorbereitungsarbeiten zum Zweiten Vatikanum wurden Congar und de Lubac in die Theologische Kommission berufen, Rahner in die Sakramentenkommission. Nach dem Konzil fiel ihnen eine entscheidende Rolle zu. Später wurden Congar und de Lubac sogar in den Kardinalsstand erhoben.

Doch gab es auch Theologen, die vor dem Konzil keineswegs gegen das Heilige Offizium eingestellt waren und ebenso forschten, veröffentlichten und Vorlesungen hielten. Weil sie nicht „gegen" die Kurie waren, waren sie jedoch keine Schlagzeile wert. Sie billigten sicher nicht alles, was in den Jahren geschah, doch hielten sie auch in der Kirche eine Kontrollinstanz für nötig. Die linientreuen Denker, die damals für das Heilige Offizium arbeiteten, wie beispielsweise die Jesuitenpatres Franz Hürth und Sebastian Tromp, der Dominikaner Rosario Gagnebet, der Franziskaner Karel Balic und die Diözesanpriester Antonio Piolanti und Pietro Parente haben auf die Theologiegeschichte keinen geringen Einfluß gehabt.

---

9 Karl Rahner ist nie vom Hl. Offizium verurteilt worden. Er mußte jedoch zu Beginn der 60er Jahre seine Werke einer strengeren als der üblichen Zensur durch den Orden unterwerfen. Darüber gibt Rahner im Briefwechsel mit dem Wiener Kardinal König Bericht und zeigt sich auch äußerst verärgert. Vgl. Kopien des Briefwechsels im Karl Rahner-Archiv in Innsbruck.

Während Parente Kardinal wurde und Piolanti Rektor der Lateranuniversität, erlebte Hürth den Beginn des Konzils nur noch auf dem Krankenlager. Einzig Sebastian Tromp, zu Konzilsbeginn 73 Jahre alt, rückte stärker ins Rampenlicht. Beliebt war er aufgrund der im Auftrag des Heiligen Stuhls ausgeführten Visitationsreisen nach Holland und Schönstatt keineswegs. Bis heute erinnert man sich in Schönstattkreisen an den Jesuiten als persönlichen Stolperstein Pater Kentenichs bei der Gründung seines Werkes. Im Zuge der im Jahr 1951 erfolgten apostolischen Visitation durch Tromp war Kentenich ins nordamerikanische „Exil" verbannt worden. Auch in Holland war sein Name nach der Visitation negativ belastet. Als der Pfarrer der Martinuskirche in Beek, dem Geburtsort Tromps, in diesen Tagen erfuhr, daß der Jesuit in seiner Pfarrei getauft und aufgewachsen sei, war er nicht gerade froh. „In Holland", so sagte er, „ist Tromp nicht beliebt gewesen". Die Visitationen waren sicher keine leichte Aufgabe für Tromp. Ruhm und Streit suchte er nicht, eine große Liebe zur Kirche und zur Wahrheit prägten seine Arbeit. Daher wäre es überaus erstaunlich, wenn er als Visitator andere Ziele verfolgt hätte.

Es muß für den betagten Pater Tromp bitter gewesen sein, in der Presse seiner Heimat so heftig angegriffen zu werden. Er beschloß daher, nicht mehr nach Holland zu reisen. Nicht aufgrund einer problematischen Lehre verwies man ihn aus seiner Heimat, sondern aufgrund einer groß angelegten Hetzkampagne seitens derer, die die Kirche ändern, sie liberaler und freier gestalten wollten.[10]

1889 als erster Sohn einer Lehrerfamilie geboren, wurde Tromp auf den Namen Sebastian Kornelius Petrus getauft. Mit achtzehn Jahren trat er in die Gesellschaft Jesu ein, und studierte zunächst Rhetorik und Philosophie. Daß die Ordensoberen ihn über alte Sprachen promovieren ließen, sprach für eine ungewöhnliche Begabung. Seine 1921 veröffentlichte Doktorarbeit über die Erforschung des Opferbegriffs bei den Römern erhielt so viele positive Rezensionen[11], daß es einen heutigen Wissenschaftler mit Neid erfüllen könnte. Georg Wissowa, der bedeutende Latinist, wünschte Tromp sogar eine Fortsetzung der Arbeit, doch der Orden entschied anders. Tromp studierte Theologie und wurde zum Priester geweiht.

Nach drei Jahren als Dozent der Fundamentaltheologie in Maastricht erhielt er einen Ruf nach Rom. Die Päpstliche Universität Gregoriana wurde ihm bis zu seinem Tod 1975 zur zweiten Heimat.

Gehorsam und pflichtbewußt war Tromp seinen Ordensoberen gegenüber in dem Bewußtsein, daß die Oberen besser als er selbst sähen, wo Gott ihn in der Kirche brauche. Dabei hatte Tromp nicht den sprichwörtlichen Kadavergehorsam der Jesuiten. Im hohen Alter noch antwortete er in einem Interview auf die Frage, ob man auch den Vorgesetzten gegenüber „brüderliche Belehrung und Zurechtweisung" üben könne: „Ja, auch diesen gegenüber. Der heilige Robert Bellarmin gibt auf die Frage, ob man auch die Oberen belehren solle, die kurze Antwort: ‚Ohne Zweifel, weil sie einen größeren Anspruch auf unsere Liebe haben'."[12]

---

[10] Domarchiv Aachen, Nachlaß Schauf, Schriftwechsel. Über die Motivation Tromps siehe vor allem den Briefwechsel mit seinem ehemaligen Doktoranden Heribert Schauf. In einem Dankschreiben Schaufs an Johannes Witte, den holländischen Mitbruder Tromps, der die Ansprache bei der Totenmesse für Tromp hielt, finden sich weitere Elemente, siehe Archiv Päpstliche Universität Gregoriana, Rom, „Tromp".

[11] Tromp notierte jede Rezension in dem Exemplar, das heute in der Bibliothek der Gregoriana steht.

Tromp ergänzte die Antwort Bellarmins noch um einen Satz, der genauso wenig beachtet wurde wie sein Lebenszeugnis: „Aber Christus hat nicht gesagt, daß man diese Belehrung oder Mahnung in aller Öffentlichkeit, wir würden heute sagen, mit Hilfe der öffentlichen Kommunikationsmittel, geben müsse."[13]

Tromp machte nie von der Presse Gebrauch, auch nicht, als er die Gelegenheit hatte, Einfluß auf die öffentliche Meinung zu nehmen. Er hielt sich sowohl an die Schweigepflicht des Heiligen Offiziums, als auch an den Eid, den er zu Beginn der Arbeiten für das Konzil abgelegt hatte. Er diskutierte gern, aber er wußte, daß er der Kirche nicht dient, wenn er seiner Meinung mit Hilfe der Öffentlichkeit Gewicht verleiht.

Über Kircheninterna wahrte er Stillschweigen – sie sollten im richtigen Forum diskutiert werden. Er sagte: „Gewiß kann sich ein jeder und können sich viele zusammen unmittelbar an den Papst wenden. Aber wenn solche Vorstellungen, meist Briefe, gleichviel von wem sie kommen, sogleich publiziert werden, um die öffentliche Meinung zu beeinflussen und mobil zu machen, und wenn so die Obrigkeit unter Druck gesetzt und geradezu ihrer Freiheit beraubt und Wege zu gehen gezwungen wird, die nur durch die Duldung eines geringeren Übels gerechtfertigt werden können, dann ist etwas schief an der Sache."[14]

Tromp war am Wohl der Kirche, an der Freiheit der Kirche mehr gelegen als an seinem eigenen Glück – eine Einstellung, die heute vielfach in Vergessenheit geraten ist.

---

[12] „Demokratisierung der Kirche. Interview mit Pater Sebastian Tromp SJ", in *Echo der Zeit*, das Datum ist leider nicht mehr zu lesen.

[13] ibid.

[14] ibid.

Seine Liebe zur Kirche bewog ihn in den vierziger Jahren des letzten Jahrhunderts dazu, den Großteil seiner Kraft für die Erstellung der Enzykliken zu opfern und dafür auch auf die eigene Forschung zu verzichten. Darüber sprach er nie, denn er nahm seine Schweigepflicht ernst. Doch ähnelt die Enzyklika „Mystici Corporis" (1958) dem ersten Band seiner Ekklesiologie „Corpus Christi quod est Ecclesia"[15] so sehr, daß die Vermutung nahe lag, er sei der „Ghostwriter" Papst Pius XII. gewesen.[16] Aufgrund der Archivforschung kann inzwischen auch mit großer Sicherheit gesagt werden, daß Tromp Endredaktor der Enzyklika „Humani Generis" war.[17]

Doch Tromp war auch Professor. An der Gregoriana lehrte er die Traktate über die Schriftinspiration und die Offenbarung. Eine zeitlang gab er Kurse über Kirchenlehre. Während seiner Tätigkeit als Professor betreute er fast hundert Promotionen. Zu seinen Doktoranden gehörten die deutschsprachigen Dozenten Joseph Fuchs, Michael Seybold und Ferdinand Holböck, aber auch manche Bischöfe wie beispielsweise der spätere Oberhirte von München und Freising, Julius Kardinal Döpfner.

Die Themen der von ihm betreuten Doktorarbeiten behandelten vorwiegend die Kirchenväter, später Bellarmin und einige andere Themen der Fundamentaltheologie und Dogmatik. Tromps Interesse lag bei den Kirchenvätern. Seine ersten Veröffentlichungen sind Artikel zur Theolo-

---

15 Tromps Ekklesiologie, *Corpus Christi quod est Ecclesia*, besteht aus vier Teilen. Der erste ist 1937 veröffentlicht worden. 1959 und 1960 erscheinen die Bände „De Spiritu Christi" und „De Christo Capite". Den Abschluß bildet 1972 der 4. Band *De Virgine Deipara Maria Corde Mystici Corporis*.

16 Dies ist allgemein in der Literatur angenommen, und war schon früh bekannt, da Tromp einen Kommentarband zu der Enzyklika schrieb.

17 Siehe Archiv Gregoriana, Nachlass Hürth.

gie dieser Autoren und kleine Hefte, in denen er Väterquellen zusammenstellt. In all seinen Büchern ist den Kirchenvätern ein eigener Index gewidmet. So finden sich diese Indices auch in seinen Hauptwerken „De Revelatione christiana" (1929) und in der „Ekklesiologie".[18]

Neben seinen vielfältigen Tätigkeiten fand er die Zeit, im Archiv der Gregoriana die Unterlagen der Römischen Schule zu ordnen. Darüberhinaus beschäftigte er sich intensiv mit seinem Ordensbruder Bellarmin. „Der Leser soll wissen", so schrieb er drei Jahre vor seinem Tod, „daß ich mich nach dem Aquinaten vor anderen Kirchenvätern auf den heiligen Robert Bellarmin beziehe. Denn mit ihm bin ich vierzig Jahre geistig und lehrmäßig verbunden gewesen."[19] Elf Bände der „Opera oratoria postuma" des Kardinals gab Tromp heraus.[20]

Mit 71 Jahren dachte der an einem Augenleiden erkrankte Tromp daran, in den Ruhestand zu gehen. Doch ganz unerwartet kam eine zusätzliche Aufgabe auf ihn zu: Papst Johannes XXIII. hatte Alfredo Ottaviani zum Vorsitzenden der Theologischen Vorbereitungskommission des Konzils ernannt. Wenige Tage später wurde Tromp Sekretär der gleichen Kommission, wenngleich die Ent-

---

18 „Über die christliche Offenbarung", erschien 1950 in Rom in der sechsten Auflage, insgesamt 14000 Exemplaren – für ein theologisches Buch, sozusagen das Handbuch zu seiner Vorlesung – eine erstaunlich hohe Auflage. Man bedenke auch, daß es lateinisch geschrieben ist. Mit fast 130 Seiten gut gegliederter, z.T. kommentierter Bibliographie, mit einem Verzeichnis der Schriftstellen, der Zitate aus den Kirchenvätern, einem Verzeichnis mit den Verweisen auf den hl. Thomas und die Scholastiker, den alten „heidnischen" Schriftstellern, und schließlich dem sehr ausführlichen Index ein ausgesprochen hilfreiches Handbuch für Tromps Studenten, und – wie die Auflagenzahl und Höhe verrät – ein auch sonst weit verbreitetes Werk.

19 *Corpus Christi quod est Ecclesia. Pars quarta. De Virgine Deipara Maria Corde Mystici Corporis*, Rom 1972, 3.

20 *S. Bellarmini. Opera oratoria postuma*, Rom 1942–1969. Zudem schrieb er viele Artikel zu Bellarmin, vor allem zu den neu erschlossenen Quellen.

scheidung nicht auf ungeteilte Zustimmung stieß. Ottaviani hätte wohl Pietro Parente vorgezogen. Noch während der Konzilsjahre litt Tromp unter der starken Abneigung, die ihn Parente und Ottaviani spüren ließen.[21] Bei der Besetzung strategischer Positionen während der Vorbereitungsjahre des Konzils spielten Animositäten zwischen den römischen Universitäten – vor allem zwischen der Gregoriana (Bibelinstitut) und der Lateranuniversität – eine nicht zu unterschätzende Rolle.

Tromps Aufgabe in der Theologischen Kommission ist leicht zu beschreiben: bei ihm liefen die Fäden der Arbeiten zusammen. Er hielt die Kontakte mit den anderen Kommissionen, der Koordinierungskommission und dem Staatssekretariat, sowie intern zu den verschiedenen Unterkommissionen, die im Laufe der Arbeiten gebildet wurden. Tromp nahm an allen Sitzungen – auch der Unterkommissionen – teil und erstellte Tagesordnungen und Protokolle. Jeden Tag besprach er sich mit Kardinal Ottaviani und erledigte die Korrespondenz – vor allem mit den Mitgliedern der Kommission, die nicht in Rom lebten. Zudem verfaßte er die Einladungen zu den Treffen und fand nebenbei auch die Zeit, alle Vorschläge, die in den Acta Antepraeparatoria gesammelt wurden zu lesen. Ein freundschaftliches Verhältnis pflegte er zu Heribert Schauf, einem Aachener Diözesanpriester und ehemaligen Doktoranden und zum Sekretär des Einheitssekretariats, seinem Landsmann Willebrands.

Auch zeitraubende Kleinigkeiten füllten seine Tage: monatelang mußte er um Stühle und Mikrofonanlage im Sitzungssaal kämpfen und erst nachdem das Konzil längst

[21] Siehe dazu das Konzilstagebuch von Tromp, ASV, Conc. Vat. II, 790f.

begonnen hatte, erhielt er ein Kopiergerät[22]. Vorher blieb ihm nichts anderes übrig, als die Texte auf Matrizen zu tippen. Darüberhinaus korrigierte Tromp alle Dokumente, die von der Theologischen Kommission in der Vorbereitungszeit und während der Konzilszeit erstellt wurden.

In der Geschichtsschreibung des Zweiten Vatikanischen Konzils galt Tromp als sturer, bisweilen bösartiger und intriganter Vertreter einer veralteten Schultheologie scholastischer Prägung. Dieses Urteil geht hauptsächlich auf eine Tagebucheintragung Congars zurück. Sie fand weite Verbreitung, weil sie ein Klischee bestärkte. Meist wird von diesem Eintrag jedoch nur der zweite Teil wiedergegeben. Er lautet in der vollen Form: „Was Pater Tromp betrifft, spielt er eine entscheidende Rolle: er beherrscht die Kommission im doppelten Sinn des Wortes. Auf der einen Seite wegen seines intellektuellen Gewichts, der Stärke und Klarheit, wegen der Kraft seiner Sicht der Dinge und seiner Behauptungen. Er hat die Gabe, die Fragen auf die wesentlichen Elemente zu reduzieren, auf den Blickwinkel der Klarheit und ihn mit Kraft zu behaupten. Auf der andern Seite hat er das Temperament eines Faschisten. Klar ist für ihn: je weniger geredet wird, umso besser. Er ist wie ein Diktator, schreit laut, schlägt mit der Faust auf den Tisch, zermalmt seine Gegner."[23]

Congars Notiz – man muß bedenken: er selbst war gerade rehabilitiert worden – ist voller Ressentiments gegen Tromp und aus der Situation heraus vielleicht verständlich. Heute wird hingegen der zweite Teil dieser Eintragung dazu verwendet, das allgemeine Bild, das vom Kon-

---

[22] Ibid. Siehe auch Briefwechsel mit H. Schauf, Nachlaß Schauf, Schriftwechsel, Domarchiv Aachen

[23] Y. Congar, *Mon Journal du Concile*, Paris 2002, Bd. 1, 69, Eintrag zum 23.9.61.

zil gezeichnet wird, zu bestätigen. Es heißt, es habe auf dieser letzten großen Kirchenversammlung einen spannenden Kampf zwischen zwei Lagern gegeben. Man teilt das Konzil in progressiv und konservativ, in gut und böse, in links und rechts, in Kurie und Weltkirche. Auch Menschen werden in Schablonen gepreßt. So ist zu erklären, daß alle römischen Theologen, Kurialen und die meisten, die in jenen Jahren keine Schwierigkeiten mit dem Heiligen Offizum hatten, den „bösen" Konservativen zugeordnet werden. Dazu gehört eben, neben seinem Chef, dem italienische Kurienkardinal Alfredo Ottaviani, in erster Linie der Sekretär der Theologischen Kommission, der holländische Jesuit Sebastian Tromp.

Die Wirklichkeit war jedoch vielschichtiger, als Vorurteile wiedergeben. Seit 1966 liegen die dreizehn Bände von Tromps Tagebuch nahezu vergessen unter den Akten des Zweiten Vatikanischen Konzils. Von 1960 bis 1966 hielt er das Geschehen in der Theologischen Kommission Tag für Tag fest. Er stellte Ergebnisse von Sitzungen, Interventionen und Interna der Kommission in einer Weise dar, die weite Teile der bisherigen Geschichtsschreibung des Konzils in den Schatten stellen.

In seinen Aufzeichnungen erscheint die sogenannte Konzilsminderheit nicht mehr als scheinbar homogene Gruppe. Angebliche Feindschaften, so etwa zwischen Tromp und dem Zweiten Sekretär der Theologischen Kommission Gérard Philips, kommen gar nicht darin vor. Die Tagebucheinträge und andere Akten zeigen auf, daß weder Heribert Mühlen noch Yves Congar an der Diskussion über das „subsistit in"[24] teilnahmen. Anders der junge Konzilstheologe[25] von Kardinal Frings, Joseph Ratzinger. Seine Erklärung zur Intention des Ausdrucks muß allein

aus diesem Grund als fundierter gelten als die mancher Kollegen.
Die Tagebücher und Protokollbücher Sebastian Tromps geben dem Leser Gelegenheit, das Konzil und seine Teilnehmer aus einem bislang unbekannten Blickwinkel kennenzulernen: neben zahlreichen Informationen zum Geschehen in der Theologischen Kommission werfen die Aufzeichnungen Licht und Schatten auf die Akteure der letzten großen Kirchenversammlung.
Sebastian Tromp war ein glasklarer Denker – das bescheinigten ihm auch seine Gegner. Er verband das Unverständnis für lange Diskussionen und verwässerte Formulierungen, die er weder für die Theologie noch für die Kirche hilfreich fand, mit der Fähigkeit, Dinge scharf und präzise darzustellen. In Fragen, die für ihn wesentlich waren, ließ er nicht mit sich handeln. Jedoch fügte er sich, wenn seine Vorgesetzten ihm das antrugen – allerdings nicht ohne seine Sicht der Dinge zuvor noch einmal darzustellen. Er kannte seine Grenzen, doch litt er nicht an mangelndem Selbstbewußtsein. Er hielt sich in seinem Bereich für kompetent, gab aber zu, wenn er sich nicht auskannte. Er konnte mit anderen zusammenarbeiten, doch war er so

---

[24] Der Ausdruck bedeutet Deutsch: „bleiben, bestehen". In der (deutschen Fassung der) Konzilskonstitution über die Kirche," Lumen Gentium", nr.8 wird er jedoch mit „verwirklicht in" übersetzt. In dem Satz, in dem der Ausdruck gebraucht wird, bezeichnet er die Beziehung zwischen der Katholischen Kirche und der Kirche Christi. Diese ist, je nachdem, wie der Ausdruck verstanden wird, ausschließlicher Natur – also nur die katholische Kirche ist die Kirche Jesu Christi. Darüber gab es seit dem Konzil Diskussionen. Siehe A. von Teuffenbach, *Die Bedeutung des subsistit in* (LG 8), München 2002.

[25] Jeder Bischof konnte einen Theologen als persönlichen Berater mitnehmen. Die meisten dieser Berater hatten nur eine „private" Funktion. Wenn jedoch der Bischof einer Konzilskommission angehörte, konnte der theologische Berater auch in die Kommissionssitzungen mitgehen und dort beratend teilnehmen. Es gab zudem offizielle Konziltheologen wie Joseph Ratzinger, der Theologe von Kardinal Frings.

um das Wesentliche bemüht, daß es wohl nicht leicht für andere war, mit ihm zu diskutieren, oder eigene Ideen zu verwirklichen. Tromp mußte zuweilen erst akzeptieren, daß auch andere Wege ans Ziel führen können.

Die äußere Form war ihm wichtig, solange sie nicht auf Kosten des Wesentlichen ging. Viele schätzten ihn als Professor.[26] Tromp suchte die Anerkennung anderer nicht, wenn auch sein Doktorand Schauf mehrfach in seinem Tagebuch beschreibt, daß Tromp litt, wenn er überhaupt keine Anerkennung erfuhr. Nur zwischen den Zeilen geht aus dem Tagebuch Tromps etwas von seinen Gefühlen und Stimmungen hervor. Er konnte wütend werden, wenn er seine Ziele nicht erreichte oder wenn in seinen Augen falsche Entscheidungen getroffen wurden. An der Handschrift, kann man manchmal erahnen, daß Tromp nicht einverstanden war.

Es ist häufig zu beobachten, daß er in solchen Situationen erkrankte. Doch konnte er sich auch voller Hingabe einem Ziel widmen und aufopferungsvolle Arbeit leisten. Beweggrund seines Handelns ist sicher ein tiefer Glaube gewesen, aus dem heraus er sich stets bemühte, auch das Schwierige zu meistern. Weit davon entfernt, nicht auch die Schwächen des Menschen auf dem Stuhl Petri zu

26 Es ist sehr interessant, die Einschätzungen von H. Küng in seiner Biographie zu lesen: „Die Vorlesungen des jovialen Holländers Sebastian Tromp in Fundamentaltheologie, ganz logisch und transparent aufgebaut, begeistern mich zunächst wie die meisten von uns: über die Möglichkeit einer Offenbarung in Christus (Wunder, Prophezeiungen, Auferstehung) und über die Angemessenheit der Offenbarung... Tromp gilt allgemein als der eigentliche Autor der Enzyklika Pius' XII. „Mystici Corporis" von 1943, über die Kirche als mystischen Leib Christi. Bei Tromps häufigen Sprüchen lachen wir. „Scioccezze" (SIC!) (dumme Sprüche) flicht er manchmal auf italienisch in seine perfekt lateinischen Vorlesungen ein, wenn er auf kritische moderne Autoren wie Reimarus oder David Friedrich Strauss zu sprechen kommt." Im weiteren Text stellt Küng dann seine Probleme mit Tromp dar.

sehen, war sein Tun für die Kirche von dem Wunsch beseelt, das Amt des Papstes zu schützen und alles zu tun, um der Kirche wenigstens nicht zu schaden. Dafür steckte er eigenen Stolz und eigene Ehre zurück.
Professor Michael Seybold schreibt über Tromp: „An der bis zur Selbstverleugnung reichenden Haltung, die Tromp an den Tag legte, da man ihm den Löwener Theologen Gérard Philips als weiteren Sekretär zu Seite stellte, wird etwas ansichtig von der inwendigen Methodik des Konzils, in welcher der Inhalt der Wahrheit und die Gestalt ihrer Auffindung gleichförmig werden: Die Kirche wird im Opfer geboren, sie entsteht und wächst vom Kreuze her, aus dem (eucharistischen) Opferleib Christi. Ihre Wahrheit entbirgt sich dem, der sich in ihn einformen läßt."[27]

[27] M. Seybold, „Vorwort", in S. Alberto, *„Corpus Suum mystice constituit"*, 14.

Warum die Kirche ihre eigene Sprache sprechen muß

Das „subsistit" gibt seit Jahrzehnten Anlaß zu Fehlinterpretationen

Wie würde ein Katholik spontan die Frage beantworten „Wo finde ich heute die Kirche, die Jesus Christus gegründet hat?" Die Antwort fiele den meisten sicher schwer. Es erscheint antiökumenisch, einfach zu sagen: „die Katholische". Das Bewußtsein, das Richtige gewählt zu haben, die Dankbarkeit, zu einer gottgegebenen Gemeinschaft zu gehören, dazu zu stehen, vielleicht sogar dafür zu leiden, oder – im guten Sinne – zu kämpfen, ist verlorengegangen. Man äußert sich heute lieber etwas unverbindlicher, weniger scharf, weniger klar und wohl auch weniger überzeugt. Das gilt nicht nur für die Durchschnittschristen, sondern auch für Stellungnahmen von Kardinälen und Bischöfen. Manchmal hat es den Anschein, als seien im Grunde alle Kirchen gleich.

Dagegen heißt es in der dritten Auflage des Lexikons für Theologie und Kirche: „Lange Zeit hat die römisch-katholische Kirche in exklusiver Weise den Anspruch erhoben, die wahre Kirche zu sein."[28] „Lange Zeit" umfaßt im Grunde die gesamte Geschichte der Kirche. Schon die Kirchenväter haben die wahre Kirche vor Abspaltungen verteidigt und Kennzeichen der wahren Kirche Christi definiert[29]. Auch das Zugeständnis, daß Elemente der katholischen Kirche in anderen Gemeinschaften zu finden sind, bedeutet nicht, daß diese Gemeinschaften auch Kirchen sind.[30]

---

[28] W. Kasper, „Kirche", in Lexikon für Theologie und Kirche, 3. Auflage, 1996, Bd. 5, 1468f.

[29] Siehe für alle Quellenangaben diese Kapitels, A. von Teuffenbach, *Die Bedeutung des subsistit in* (LG 8). Zum Selbstverständnis der katholischen Kirche, München 2002

Kein Kirchenvater hätte erklärt, daß aufgrund der „Elemente der Heiligung und der Wahrheit" („Lumen Gentium" 8), die auch in anderen Kirchen und kirchlichen Gemeinschaften zu finden sind, die ausschließliche Identifikation der Kirche Jesu Christi mit der Kirche unter der Leitung des Bischofs von Rom, verlorengegangen sei.
Im allgemeinen klären sich Positionen erst dann vollends, wenn sie angegriffen werden. So wurde in der Reformationszeit auch die Position der katholischen Kirche als einziger Kirche Christi mit allem Nachdruck besonders von Kardinal Robert Bellarmin verteidigt. Die Reformatoren lehnten den Anspruch der katholischen Kirche ab, ohne daß beispielsweise Martin Luther sofort eine eigene Kirche hatte gründen wollen.[31]
Robert Bellarmin legte scharfsichtig in einem einzigen Satz die wesentlichen Merkmale der Kirche aus ihrer fünfzehnhundertjährigen Geschichte dar. Kennzeichen der wahren Kirche sind demnach: die Einheit im Glauben, in den Sakramenten und unter der Leitung des Bischofs von Rom.
Als das Zweite Vatikanische Konzil einberufen wurde, waren fast zweitausend Jahre Tradition in der Frage nach der absoluten Übereinstimmung der katholischen Kirche mit der Kirche Christi vergangen. Tradition ist in der katho-

---

[30] Der Satz, in dem subsistit in steht, besteht aus zwei Teilen. Im ersten Teil wird das Verhältnis zwischen katholischer Kirche und Kirche Christi durch das *subsistit* bezeichnet, im zweiten wird erklärt, daß dennoch in anderen Kirchen und kirchlichen Gemeinschaften Elemente der Heiligung und der Wahrheit zu finden sind. Oft wird dieser Satz mißverstanden und erklärt, andere Kirchen und kirchliche Gemeinschaften hätten „die Wahrheit". Das Konzil wollte jedoch nur sagen, daß einzelne Elemente der katholischen Kirche, der Kirche Jesu Christi, auch in anderen Kirchen zu finden sind. Man denke z.B. an die mit den Protestanten gemeinsamen Teile der Hl. Schrift.

[31] Martin Luther sprach zunächst von einer rein geistigen Gemeinschaft, ohne daß er dabei an die Gründung einer eigenen Kirche dachte.

lischen Kirche normativ. Die Kirche gründet nicht auf der Heiligen Schrift allein, sondern auf der Schrift und der Tradition. Das „sola scriptura"-Prinzip ist nicht katholisch.[32]
Auf die Tradition kann demnach nicht einfach verzichtet werden. Es mußte etwas Aufsehenerregendes geschehen, damit der oben zitierte Satz im Lexikon für Theologie und Kirche heute in der Vergangenheit erscheinen kann. Es scheint, als ob Katholiken heute nicht mehr glauben, die einzige wahre Kirche Christi zu sein.
Kein anderer hätte diese Aussage stärker abgelehnt als der Sekretär der Theologischen Kommission des Zweiten Vatikanischen Konzils, der Jesuit Sebastian Tromp. Er hatte einen Wunsch an das Konzil: die Verurteilung des Indifferentismus und die damit verbundene absolute Identitätserklärung zwischen katholischer Kirche und Kirche Christi. Indifferentismus verstand Tromp als „Gleichmacherei" aller Religionen, aller christlichen Bekenntnisse. Ein besonderer Dorn im Auge war für ihn die bereits im Jahr 1864 verurteilte Lehre der Drei-Zweige-Theorie.
Sie erscheint heute auch in den meisten katholischen Religionsbüchern und geht davon aus, daß die Kirche Christi drei Zweige habe, einen römisch-katholischen, einen anglo-katholischen und einen griechisch-katholischen. Normalerweise ist auch die protestantische Gemeinschaft als weiterer Zweig aufgeführt.[33]

---

[32] Nicht nur die Schrift – wie das luthersche Prinzip „sola scriptura" (nur die Schrift) lautet – sondern auch in der Tradition und aus den Äußerungen des Lehramts offenbart sich Gott. Dabei muß eingeschränkt werden: die Schrift bedarf der Interpretation durch die Kirche, bei der Tradition muß genau festgestellt werden, was zu ihr gehört, was normativ ist und was nicht. Das Lehramt äußert sich mit unterschiedlichen Graden der Verbindlichkeit.

[33] Diese Drei-Zweige-Theorie widerspricht offensichtlich dem Glauben der katholischen Kirche, die eine Kirche Christi zu sein, die Jesus Christus gegründet hat.

Aufgrund dieser Haltung verzichtete man sowohl während des Ersten als auch während des Zweiten Vatikanischen Konzils auf das Attribut „römisch" für die katholische Kirche. Die Konzilien wollten dieser Theorie, die bis heute so große Verbreitung findet, nicht noch Vorschub leisten. Tromp verwies während des Konzils wiederholt auf diese Problematik, sobald das Attribut „römisch" verwendet werden sollte.
Da das Konzil keine dogmatischen Aussagen treffen und folglich auch keine Theorien verurteilen wollte, mußte Tromp seinen Wunsch gegen diesen Indifferentismus vorzugehen, ins Positive wenden.[34]
Alle sieben Entwürfe, die es in der Vorbereitungszeit für das Zweite Vatikanum zum ersten Kapitel der Kirchenkonstitution gab, wurden von Tromp verändert. Entweder fügte er selbst einen Satz ein, oder er machte eine entsprechende mündliche oder schriftliche Eingabe. Er bestand auf folgendem Einschub: „Daher lehrt die heilige Versammlung und erklärt feierlich, daß es nur eine Kirche Jesu Christi gibt, die wir selbst im Glaubensbekenntnis als die eine, heilige, katholische und apostolische feiern, die der Heiland sich selbst am Kreuz erkauft (…) und die der Auferstandene dem Petrus und den Nachfolgern zu regieren aufgetragen hat, und die einzig mit Recht (römisch) katholische Kirche genannt wird."
Tromp hatte Erfolg. Der Text wurde in den ersten Entwurf aufgenommen, den man den Konzilsvätern im Herbst 1962 vorlegte. Die kritische Instanz der Zentralkommission hatte ihn ohne Schwierigkeiten gebilligt. Die einzige

[34] Das Konzil sollte – so bestimmte Johannes XXIII. nicht gleich, doch gegen Ende der Vorbereitungszeit – einen pastoralen Charakter haben und daher keine Verurteilungen und Definitionen enthalten.

Änderung an Tromps Vorschlag entsprach dem Wunsch von Kardinal Frings: aus „der Auferstandene" wurde „nach seiner Auferstehung". Der Text blieb auch unverändert bestehen, nachdem Gérard Philips, der Löwener Theologe, das Kirchenschema der Theologischen Vorbereitungskommission neu überarbeitet und gekürzt hatte.[35] Niemand hatte an Tromps Satz Anstoß genommen.

Im Herbst 1963 kamen so viele Änderungswünsche von den Bischöfen am Kichenschema, daß sich die Theologische Kommission in Unterkommissionen aufteilte, die jeweils einen Teil bearbeiteten. Eine dieser Unterkommissionen beschäftigte sich auch mit dem Satz, den Tromp in das Konzilsdokument eingebracht hatte. Obwohl in den Akten keine entsprechenden Änderungswünsche vonseiten der Bischöfe vermerkt waren, änderte die Unterkommission den Satz von Grund auf.

Diese Vorgehensweise entsprach allerdings nicht der auf dem Konzil üblichen Arbeitsmethode und war im Grunde ein unerhörter Vorgang. Üblich war, daß die Kommissionen ihren Entwurf den Konzilsvätern zur Abstimmung vorlegten. Diese konnten den Text billigen, Änderungen vorschlagen oder ablehnen. In Tromps Fall nahm man dem Satz jede Feierlichkeit. Der Text hatte nun keine Ähnlichkeit mehr mit einer Definition. Der Kern der Aussage lautet aber immer noch „Die katholische Kirche ist die Kirche Christi". Darüber hinaus tauschte die Kommission das lateinische „est" (zu deutsch „ist") gegen „adest" (zu deutsch „ist vorhanden", „ist da") aus.

---

[35] Viele Konzilsväter zeigten sich unzufrieden mit dem, was die Theologische Kommission in der Vorbereitungszeit erarbeitet hatte. Daher wurde das Kirchenschema umgearbeitet. Aus verschiedenen Vorgaben wurde schließlich der Entwurf von Philips angenommen.

Die zuständige Unterkommission konnte den geänderten Text nicht direkt drucken lassen, sondern mußte ihn zuvor noch einmal dem Plenum der Theologischen Kommission vorstellen.

In Anwesenheit vieler Theologen und Bischöfe wurden am 25. und 26. November 1963 jeweils um sechzehn Uhr die ersten Artikel der Kirchenkonstitution „Lumen Gentium" durchgesprochen. Philips las einen Abschnitt vor, und man diskutierte dann sehr zügig darüber, ob er so stehen bleiben könne. Mit Artikel 8 waren nicht alle einverstanden. Sie wünschten, „adest" wieder durch „est" zu ersetzen. Die Unterkommission erhob keinen Einspruch. Nur Tromp beantragte, statt „adest" „subsistit" in den Text einzufügen – mit Erfolg. Am 21. November 1964 wurde der gesamte Text der Kirchenkonstitution „Lumen Gentium" mit 2151 Ja-Stimmen und fünf Nein-Stimmen angenommen.

Die tiefgreifende Änderung des traditionellen Kirchenverständnisses, die in der katholischen Kirche während des Zweiten Vatikanischen Konzils stattgefunden haben soll, wäre demnach auf ein einziges Wort zurückzuführen. Es wurde nahezu unbemerkt und von keinem Konzilsvater gewollt in die Kirchenkonstitution „Lumen Gentium" eingeschoben.

Vierzig Jahre lang wußte man im Grunde weder wer für die Formulierung plädiert hatte, noch was sie eigentlich bedeutete. In der offiziellen deutschen Übersetzung von „Lumen Gentium" heißt es: „Diese Kirche, in dieser Welt als Gesellschaft verfaßt und geordnet, ist verwirklicht in der katholischen Kirche, die vom Nachfolger Petri und den Bischöfen in Gemeinschaft mit ihm geleitet wird." Aus „subsistit in" ist „verwirklicht in" geworden.

Jeder Lateinlehrer würde über diese Übersetzung den Kopf schütteln. „Verwirklichen" heißt auf lateinisch „ad effectum perducere" oder „adducere", während die korrekte Übersetzung von „subsistere" im Deutschen eher „stehen bleiben", „stillstehen", „standhalten", „verharren" bedeutet. Ursprünglich gebrauchte man das Wort in der lateinischen Klassik für ein Heer, das bei einem gegnerischen Angriff keinen Zentimeter zurückwich. Im Mittelalter entsprach es zunehmend „esse" (zu deutsch: „sein"). Überträgt man diese Erkenntnis auf den Text von „Lumen Gentium", wird deutlich: die katholische Kirche bleibt – trotz aller Angriffe – die Kirche Jesu Christi. In diesem Sinne verstand der Latinist Tromp den Begriff „subsistit". Tromp hatte 1921 mit einer Arbeit über den Opferbegriff bei den „Römern" promoviert und schrieb, diskutierte und lehrte in lateinischer Sprache: Er wußte somit sehr genau, was „subsistere" bedeutet. Doch das eigentliche Dilemma der langen Diskussion um den Ausdruck „subsistit in" liegt nicht in der Übersetzung. Es beruht auf einer irrigen Konzilsinterpretation, die davon ausging, das Konzil wolle die Lehre ändern, der Tradition der Kirche in den Rücken fallen oder sogar das Selbstverständnis der katholischen Kirche in Frage stellen. Scharen von Theologen haben sich an die Interpretation dieses Wortes gewagt. Die Argumentation blieb praktisch immer gleich: Man stellte ohne Kenntnis der Akten fest: Zuerst stand im Text „est", dann „subsistit". Daraus schloß man, daß das Konzil „est" nicht wollte und gegen „subsistit" austauschte. Die Begründung lautete, daß sich beim ersten Entwurf „konservative", bei der endgültigen Fassung „offenere" Theologen durchgesetzt hätten. „Subsistit" könne daher nur eine Aufweichung von „est" sein.

Auch in diesem Zusammenhang geht man davon aus, daß es während des Konzils einen Seitenwechsel gegeben habe, in dessen Folge die Übermacht der römischen Kurie und des Heiligen Offiziums durch den offeneren Weltepiskopat zurückgedrängt worden sei. So behaupten Interpreten des „subsistit in", das Konzil habe die Identität zwischen katholischer Kirche und Kirche Christi weniger scharf ausdrücken wollen als die Vorbereitungskommission.

Als das erste Kapitel von „Lumen Gentium" in der Konzilsaula vorgelegt wurde, waren die Bischöfe mit einer der wichtigsten Fragen auf dem Konzil – der Funktion des Bischofskollegiums – beschäftigt. Der veränderte Text im ersten Kapitel fiel dort nicht auf. Karl Rahner, ein aufmerksamer Beobachter, hatte in einer Pressekonferenz im Hinblick auf das Kirchenschema gesagt, daß „rein lehrmäßig keine besonderen Überraschungen zu erwarten sind". Später fügte er hinzu: „In diesem Zusammenhang wird dann auch die ökumenisch schwierige Frage nach dem Verhältnis der nichtkatholischen Christen und sogar der Nicht-Christen zur katholischen Kirche, zur Kirche einfachhin behandelt (...) ohne dadurch das Selbstverständnis der katholischen Kirche, die eine Kirche Christi zu sein, zu verdunkeln."[36]

Doch in Wirklichkeit ist das Selbstverständnis der Kirche so verdunkelt worden, daß die Glaubenskongregation 1973[37], 1985[38] und mit dem Dokument „Dominus Jesus" im Jahr 2000 dazu Stellung genommen hat. Sie hat verschiedene Interpretationsgrenzen vorgegeben, die vor

---

36 Pressebüro des Konzils, Rom, 2.10.1963.

37 Declaratio circa Catholicam Doctrinam de Ecclesia contra nonnullos errores hodiernos tuendam (24 Iun. 1973).

38 Notificazione sul volume: „Chiesa: Carisma e potere. Saggio di Ecclesiologia militante" del P. Leonardo Boff, OFM (11.3.1985).

allem in Deutschland Anlaß zu heftigem Protest waren. Man sah darin einen Rückschritt für die Ökumene und den Verrat am Konzil. Doch wirkliche Ökumene kann nicht aus verwaschenen Erklärungen bestehen, die sich diplomatisch um strittige Fragen herumwinden. Sie kann auch nicht auf Fehlinterpretationen beruhen – selbst wenn sie fast vierzig Jahre Bestand hatten. Theologenmeinungen gehen in der Kirchengeschichte nicht selten in die Irre, ein Konzil nicht. „Nur Wahrheit befreit", so der Titel eines nach der Veröffentlichung von „Dominus Jesus" erschienenen Artikels Eberhard Jüngels, mit dem er der Glaubenskongregation praktisch einen Rückschritt hinter das Zweite Vatikanische Konzil vorwarf. Kennzeichen der katholischen Kirche ist es allerdings, daß sie sich treu bleibt und ihre Lehre entfaltet, ohne sie zu verändern oder über Bord zu werfen. Sebastian Tromp sagte einmal in einem Interview: „Ich weiß es, wir müssen uns bemühen, keinen Anstoß zu erregen bei den getrennten Brüdern und die Kluft nicht noch vergrößern. Ich bin der Meinung, daß wir die Einheit am besten fördern und wiederherstellen können durch eine klare und deutliche Darstellung der Wahrheit. Dadurch wird der Abstand nicht vergrößert, sondern besser gesehen. Zu unseren getrennten Brüdern müssen wir an erster Stelle nicht in einer Weise sprechen, die ihnen gefällt, sondern in einer Sprache, die sie verstehen. Das ist nicht leicht, denn der Protestantismus hat viele Gesichter. Auch zu den getrennten Brüdern muß die Kirche in ihrer eigenen Sprache sprechen. Sie kann nicht gleichzeitig in sieben Mentalitäten reden. Wenn die Kirche nicht ihre eigene Sprache spricht, werden die Schwierigkeiten noch größer."[39]

---

39 „Die Verantwortung für die Konzils-Schemata. Interview mit P. Tromp über das Konzil", in *Echo der Zeit*, 20. Jan. 1963, in Archiv Gregoriana, Tromp.

Otto Semmelroth SJ

Nicht nur große Theologen haben der Kirche einiges zu bieten. Manch einer, der eher unbekannt seinem Dienst nachgegangen ist, hat Großes bewirkt. Ein solcher Mann im Schatten ist sicher Otto Semmelroth. Sein Name ist nur wenigen Theologen ein Begriff. Die Idee der Kirche als Ursakrament, eine Idee, die er bekannt gemacht hat, ist heute nicht mehr so aktuell wie zu seiner Zeit, und über seine Zusammenarbeit mit Karl Rahner während des Konzils weiß kaum jemand. Doch hat er gerade im Konzil durch seine stille Arbeit etwas getan, was man gern vergißt: einfache theologische Dienste, ohne die große Ideen gar nicht Fuß fassen können.

Über Otto Semmelroths Leben ist nur wenig bekannt. Er wurde am 1. Dezember 1912 in Bitburg geboren, 1932 Jesuit und später Professor an der Hochschule von Sankt Georgen. Gestorben ist er am 24. September 1979. Bedeutsam ist sein Werk „Die Kirche als Ursakrament", das 1953 in Frankfurt erschien und in dem Semmelroth der Idee der Kirche als Sakrament nachgeht und sie zunächst in Beziehung zur Lehre vom mystischen Leib, aber auch in Beziehung zu den Einzelsakramenten bringt. Eine historische Untersuchung enthält das Buch jedoch nicht, wiewohl diese Idee aus Patristik und Mittelalter stammt. Dies war die Schwäche Semmelroths; sie zeichnete sich auf dem Hintergrund der großen Forschung seines Mitbruders in Sankt Georgen (Frankfurt am Main), Alois Grillmeier, besonders stark ab.

Doch kommt der Ruhm oft spät: Während der Neuauflage des Lexikons für Theologie und Kirche Semmelroth noch ein paar Zeilen wert war, wird Grillmeier, der gerade auf

dem Feld der Patristik Großes geleistet hat, keines Artikels gewürdigt. Auf dem Konzil war Grillmeiers Einfluß jedoch gering, weil seine Zuarbeit für die Konzilstexte zwar wertvoll, jedoch für die schnellen und manchmal oberflächlichen Konzilsarbeiten viel zu wissenschaftlich war. Das Konzil wollte in pastoraler Sprache sprechen und wurde in jeder Konzilssession zu noch mehr Eile angetrieben, so daß wirklich tiefgreifende Forschung nicht mehr möglich war. Wirkliche Forschung und Diskussion hatte es nur vor dem Konzil in der Theologischen Vorbereitungskommission gegeben.
Doch auch nach dem Konzil, trotz einer aktiven Teilnahme, ist Semmelroth im Schatten geblieben. So vertraute man ihm – im Gegensatz zu Grillmeier – keinen wichtigen Abschnitt im Konzilskommentar des „Lexikons für Theologie und Kirche" (2. Auflage) an, sondern das VII. und VIII. Kapitel der Konstitution über die Kirche. Es sind die Kapitel über den endzeitlichen Charakter der Kirche, also das eschatologische Kapitel und das marianische Kapitel. Zur dogmatischen Konstitution über die Offenbarung, an der Semmelroth mit Aufopferung gearbeitet hatte, schreibt der Jesuit nichts. Im Konzilskommentar ist er nur noch einmal vertreten: Zu „Gaudium et Spes", dem Dokument über die Kirche in der Welt von heute, verfaßte Semmelroth den Kommentar zum zweiten Kapitel.
Warum wurde Semmelroth um keinen wichtigeren Beitrag gebeten, um eine Einleitung oder ein wesentliches Kapitel? Semmelroth blieb ein Theologe der „zweiten Reihe". Nicht so sehr aufgrund mangelnder Fähigkeiten, vielmehr aus gesundheitlichen Gründen. Er mußte seine Kräfte einteilen und konnte nicht jede Arbeit annehmen. Denn er war schwer zuckerkrank, und Überforderung hätte lebensgefährlich werden können.

Daß er trotzdem Tag für Tag sein Konzilstagebuch führt, zeugt von großem Willen und Durchhaltevermögen. Das Konzilstagebuch ist eine unschätzbare Quelle für den, der mit dem Aktenstudium in den Archiven beginnt.[40] Denn Semmelroth schreibt in Deutsch und nicht in Latein, die Sprache der meisten Konzilsunterlagen, und er schreibt mitreißend. Eine Veröffentlichung des Tagebuchs wäre eine verdienstvolle Sache; vermittelt ein Tagebuch doch oft einen stärkeren, weil unmittelbareren Eindruck vom Konzil als eine historische Abhandlung. Der Leser hat den Eindruck, hier ist jemand mit Begeisterung und auch mit Stolz zum Konzil gekommen, aber auch mit der Bescheidenheit, nur ein Werkzeug des großen Geschehens zu sein.

Semmelroth nennt Personen und Ereignisse, auf diese Weise bekommt man einen ersten Überblick, und obwohl von Rahner stark beeinflußt, muß man ihm eine gewisse Objektivität zuerkennen. Er hatte die seltene Gabe, das Bild, das er sich von einem anderen gezeichnet hat, auch zu korrigieren. Semmelroth gibt also in seinem Tagebuch Auskunft über das Tagesgeschehen, über die Treffen und über seinen gesundheitlichen Zustand. Auch das Konzil – man erkennt es deutlich an diesem Tagebuch – ist von Menschen gemacht, die ihre Vorstellungen und Wünsche, ihre Eitelkeiten und ihre Opferbereitschaft mitbringen. Dies gilt für alle Konzilsteilnehmer. Viele müssen die eigenen Vorstellungen aufgeben und in direkter Auseinandersetzung lernen, auch den theologischen Gegner zu schätzen. Semmelroth ist dazu bereit.

---

40 Das Original im Archiv Jesuiten in München, eine Kopie davon im Archiv der Hochschule St. Georgen, Frankfurt am Main.

Den Vorsitzenden der Theologischen Kommission, den Sekretär des Heiligen Offiziums, Kardinal Alfredo Ottaviani, schildert Semmelroth mit folgender Episode, die von dieser Bereitschaft zeugt: „Beim Hinauffahren in den Vatikan fügte es sich, daß ich mit Kardinal Ottaviani im selben Aufzug fuhr. So sah ich ihn aus nächster Nähe. Er machte einen ganz jovialen Eindruck, und man könnte auch in den Sitzungen meinen, er sei ein ganz gutmütiger Mann."[41]

Um das Konzil richtig zu verstehen, muß man bereit sein, sich in die frühen sechziger Jahre zurückzuversetzen. Es könnte die Eröffnung des Tagebuchs von Semmelroth mit einer langen Beschreibung der Fahrt nach Rom – zunächst die Fahrt zum Flughafen, dann der Aufenthalt im Warteraum für die Konzilsteilnehmer, schließlich der Flug und die Unterbringung in Rom – langweilig und uninteressant wirken. Doch wenn man bedenkt, daß es für Semmelroth nicht selbstverständlich war zu fliegen, dies vielleicht sein erster Flug war, und wenn man sich vorstellt, daß es auch nicht üblich war, so weit zu reisen, dann wird einem manches klarer: Warum die Theologie zunächst einmal hinter die Alltagsereignisse trat, warum die Begegnung so vieler Theologen und Bischöfe beeindruckend war und die vielen hundert Gespräche erst einmal den Humus für eine sinnvolle Arbeit bilden mußten, warum manches auf dem Konzil so unvollkommen wirkt, weil es eben sehr menschlich war und für den, der das Konzil nur aus dem Geschichtsbuch vermittelt bekommt, dadurch unverständlich wird.

Erstaunlich ist die Kraft Karl Rahners, von der Semmelroth immer wieder schreibt. Theologie steht für ihn über alles, und so bekommt Semmelroth schon am Tag nach seiner

---

[41] Tagebuch Semmelroth, 26.11.63, 57.

Ankunft Besuch von Rahner. Im Tagebuch Semmelroths ist zu lesen: „Im Lauf des Vormittags kommt P. Rahner. Er entwickelt mir einen Plan für die Neuanfertigung eines Schemas für das Konzil anstelle des von sehr vielen Seiten kategorisch abgelehnten Schemas zu Glaubensfragen. Und er fragt mich, ob ich bereit wäre, an einer Neuausarbeitung mitzuarbeiten. Wozu ich natürlich gerne bereit bin."[42]
Schon einen Tag vor Konzilsbeginn ist die Rolle Semmelroths im Konzil von der Zusammenarbeit mit Rahner geprägt. Zu Beginn der dritten Konzilsperiode schreibt Semmelroth: „Mit P. Rahner hatte ich gestern telefoniert und dabei erfahren, daß auch er zu der Sitzung morgen kommt. Das freut mich sehr. Ich bin ihm sehr verbunden und freue mich, mit ihm zusammen sein und arbeiten zu können. Er kommt heute abend und wohnt auch wieder im Germanikum."[43]
Während Rahner jedoch die Kraft hat, auch in ein Projekt Kraft zu investieren, das keine sichere Aussicht auf Erfolg hat, ist das anders bei Semmelroth, der mit seinen Kräften haushalten muß. An erster Stelle steht seine Arbeit für den Bischof, der ihn als sein Theologe zum Konzil mitgenommen hat: Hermann Volk, Bischof von Mainz. Für ihn übersetzt er manchmal kurzfristig die Ansprachen ins Lateinische, die der Kaplan des Bischofs meist von der Villa Mater Dei, der Residenz von Bischof Volk, ins Germanikum bringt. Semmelroth ist aber auch als Theologe aktiv. Das Tagebuch gibt wie kein anderes Dokument klar das Unverständnis zwischen den Theologen der Theologischen Vorbereitungskommission und den neu hinzugekommenen

---

[42] Tagebuch Semmelroth, 10.10.62, 1.
[43] Tagebuch Semmelroth, 9.9.64, 76.

Theologen wider. So werden die Schemata der Theologischen Kommission praktisch mit einem Schlag abgelehnt. Man bemüht sich zunächst nicht um eine Vermittlung, sondern um völlig neue Schemata, die in wenigen Tagen entworfen werden. Dies ist das große Hindernis während der ersten Konzilsperiode, in der es nicht gelungen ist, die Theologen an einen Tisch zu setzen. Rahner, Ratzinger und Congar sind maßgeblich an der Erstellung von Alternativschemata beteiligt. Semmelroth entwirft zwar auch eigene Vorstellungen, die jedoch angesichts der anderen Entwürfe kaum zum Zug kommen. Die Treffen ziehen sich bis zum Ende der ersten Konzilssession hin. Dann erwartet die Theologen ja die Erstellung eines neuen Schemas zur Ekklesiologie, das bei der Bischofskonferenz Anfang Februar 1963 besprochen wurde. Dies ist auch das letzte wirkliche Alternativschema; denn in der zweiten Konzilssession wird die Arbeit bereits weitgehend von einer Zusammenarbeit zwischen den Theologen und den Kommissionen geprägt sein.

Wie sich Unverständnisse breit machen können und wie Dinge ohne Hintergrund anders wirken können, als sie in Wirklichkeit sind, das läßt sich gut anhand dieser kleinen Episode aus dem Tagebuch darstellen: „28. Nov. [62] (...) Mittags wurde dann bekannt, daß in der Generalkongregation Ottaviani vorgeschlagen habe, es solle doch das Schema über Maria vorweggenommen werden. Daraufhin ist die Besorgnis ziemlich groß. Die Protestanten haben schon zwei Presseverlautbarungen herausgegeben, die ihre Besorgnis darüber zum Ausdruck bringen. Allerdings geht das vom Pressevertreter der Protestanten aus, der hier in Rom ist. Der ist vom evangelischen Bund und vertritt nicht eigentlich die Evangelischen als solche.

Aber auch wir haben Sorge, weil das mariologische Schema, obwohl es im Ganzen tragbar ist, doch einiger Korrekturen bedarf und vor allem, wenn es so vom ekklesiologischen Schema gelöst und an den Anfang des Konzils gestellt wird, schlecht wirken muß, vor allem ökumenisch gesehen."[44]

Über die Hintergründe des Vorschlags von Ottaviani ist Semmelroth nicht informiert. Der Frankfurter Jesuit interessiert sich für die ökumenische Machbarkeit und die Wirkung, die daraus folgt. Ottaviani dagegen – so geht aus anderen Akten hervor – dachte an das marianische Schema als Möglichkeit, dem schwerkranken Papst mit der Verabschiedung wenigstens eines Dokumentes noch eine Freude zu machen. Vor allem ist Ottaviani bewußt, daß das ekklesiologische Schema eine Ablehnung oder zumindest starke Opposition erfahren wird. Das marianische Kapitel dagegen, das auch alleine stehen kann, findet eine breite Zustimmung – was ein positiveres Arbeiten auch unter den Bischöfen möglich machen würde. Damit wollte Ottaviani die ständige Opposition aufweichen und einen eventuellen Stimmungswandel erreichen.[45]

Die erste Konzilssession endet am 8. Dezember 1962. Außer der oben zitierten Vorbereitungsarbeit für den deutschen Vorschlag zum Kirchenschema hatte Semmelroth die Gelegenheit, nach Ostdeutschland zu fahren und hier über das Konzil zu berichten. Die Monate zwischen der ersten und zweiten Konzilssession enthalten nur diese beiden Ereignisse, doch kann man sich unschwer vorstellen, wie die Konzilsereignisse seine Vorlesungen und sein Denken beeinflußt haben.

---

[44] Tagebuch Semmelroth, 28.11.62, 28.
[45] Tagebuch Schauf, 28.11.62, 90.

Semmelroths Konzilstagebuch ist eine Einheit. Andere Tagebücher vom Konzil, wie das Josef Güldens, sind in vier Teile aufgeteilt, entsprechend den vier Sitzungsperioden.[46] Je länger Semmelroth für das Konzil arbeitet, desto mehr gewöhnt er sich an diese spezielle Arbeit, und man kann miterleben, wie er sich immer besser zurechtfindet. Die Arbeiten werden in jeder Session stärker auf ein Ziel hingerichtet und sind nicht mehr private Arbeiten. In der zweiten Session wird Semmelroth auch offiziell als „Peritus" – d.h. als Konzilstheologe – zugelassen und kann damit auch an den Arbeiten der Theologischen Kommission teilnehmen. Hier werden die wichtigsten Dokumente korrigiert und besprochen, und hier erhält Semmelroth auch die Aufträge für seinen Anteil an einer Konzilsarbeit. Dies kann die Auswertung der von den Bischöfen eingereichten Verbesserungsvorschläge sein, die Korrektur eines Textes oder einfach nur das Lesen einer Druckfahne.

Semmelroth durfte mit seinem Peritus-Ausweis auch in die Konzilsaula, und hier hatte er direkten Kontakt zu den Bischöfen und anderen Theologen. Die Bar, in der Bischöfe und Theologen Kaffee trinken, ist bevorzugter Ort für den Austausch von Ideen und Vorschlägen, ein Treffpunkt der internationalen Theologie.[47] Doch Semmelroth beschreibt nicht nur dies, sondern auch die zaghaften Versuche, die Reform der Liturgie umzusetzen. Wie schwer dies anfangs war, konnte man an der Meßfeier sehen, die jeden Morgen in der Konzilsaula gehalten wurde und an der alle Bischöfe als „Volk" teilnahmen.

---

[46] 1962, 1963, 1964, 1965 jeweils 2-3 Monate im Herbst trafen sich die Bischöfe in Rom.

Die Konzelebration wurde zaghaft eingeführt. Semmelroth schreibt 1964: „Zu Beginn der heutigen Generalkongregation konzelebrierte Erzbischof Felici aus Anlaß seines Priesterjubiläums mit zwölf der als Gäste anwesenden Pfarrer. Der Ritus war schön, wenn auch die Ausführung nicht in allem ganz gut war. Es ist nicht leicht, Priester, die bisher immer allein zelebriert haben, dazu zu bringen, schön gemeinsam zu beten. Man hielt die Messe auch schon mit einigen der vorgesehenen Änderungen, Auslassung des Psalmens Judica beim Staffelgebet und des letzten Evangeliums."[48]

Beeindruckend und vorbildhaft ist der Umgang Semmelroths mit seiner Krankheit, die ihn zu aller Arbeit auch noch behindert. Tagelang muß er sich hinlegen und arbeitet im Bett, um wenigstens die Übersetzungen für Bischof Volk zu machen, der seine Reden und schriftlichen Eingaben auf Deutsch schrieb und von Semmelroth ins Lateinische bringen ließ. Kaum fühlt er sich besser, arbeitet er mit voller Kraft.

In seinem Tagebuch ist keine Beschwerde über seinen Zustand zu lesen, wenn ihn auch die Konzilsarbeit so anstrengt, daß sich vor allem in den letzten zwei Sit-

---

47 Kardinal Frings schreibt: „Papst Johannes hatte nämlich die beiden äußeren Längsschiffe zum Teil abmauern lassen und in diesen Teilen je eine Bar eingerichtet, d. h. einen Erfrischungsraum, in dem Kaffee, Tee und andere alkoholfreie Getränke angeboten wurden. Die Bar, die links vom Haupteingang aus lag, wurde scherzhaft ‚Bar Jona' genannt, denn über dem Eingang hatten die Worte gestanden: ‚Beatus es, Simon Bar Jona', Selig bist du, Simon, Sohn des Jona. Aber die ersten Worte waren durch eine Draperie zugedeckt, und man konnte nur lesen: Bar Jona. In dieser Bar entwickelte sich in der Regel von 11 Uhr ab ein reges Leben und Treiben. Man hörte alle Sprachen der Welt: es war ein wirkliches Sprachengewirr. Manche rauchten Zigaretten, und es war ein beliebter Treffpunkt, wenn man sich mit einem Konzilsvater treffen wollte." J. Frings, Für die Menschen bestellt. Erinnerungen des Alterzbischofs von Köln, Köln, 19746, 262.

48 Tagebuch Semmelroth, 28.10.64, 101

zungsperioden die Sätze mehren, in denen er seinem Wunsch Ausdruck verleiht, möglichst bald wieder nach Hause, nach Frankfurt, fliegen zu können. Dies kommt auch im Abschluß seines Tagebuchs zum Ausdruck: „8. Dez. 65 (...) Das Konzil ist zu Ende, aber seine Wirkungen werden das Leben der Kirche bestimmen. Ich bin froh, daß die Arbeit zu Ende ist. Aber ich danke Gott sehr, daß ich dabei sein durfte. Ich habe viel dadurch gewonnen."[49] Man mag ergänzen, daß nicht nur Semmelroth durch das Konzil, sondern auch das Konzil durch Theologen wie Semmelroth gewonnen hat: Klarheit, Einfachheit, Realisierbarkeit, „Erdung" der allzu großen Ideen; vor allem jedoch eine Menge Menschlichkeit.

49 Tagebuch Semmelroth, 8.12.65, 149

Augustin Bea SJ

„Alle sollen eins sein: Wie du, Vater in mir bist und ich in dir bin, sollen auch sie in uns sein, damit die Welt glaubt, daß du mich gesandt hast" (Joh 17, 21). So wie die Worte Jesu beim Abendmahl die Einsetzungsworte für die Eucharistie sind und das „Wem ihr die Sünden vergebt, sind sie vergeben" (Joh 20, 23) die Institutionsperikope für das Bußsakrament, so ist der eingangs zitierte Satz aus der Abschiedsrede Jesu die biblische Beauftragung für jede Ökumene. So ähnlich sieht es wenigstens Kardinal Walter Kasper in seinem Beitrag für ein Buch, das im Auftrag des ökumenischen Kirchentags „Denk-Anstöße"[50] geben soll. Hier sagt er, der Grund für das ökumenische Engagement liege in der Überzeugung, daß wir den Willen des Herrn verraten würden, wenn wir nicht alles daran setzen, die Spaltungen unter den Christen zu überwinden.
Erst im Jahr 1960 hatte sich Papst Johannes XXIII. dazu entschlossen, in Befolgung dieser Verpflichtung, zusätzlich zu den zehn Konzilskommissionen auch zwei Sekretariate einzurichten: eines für die Massenmedien und eines, das sich um die Beziehung zu den nicht-katholischen Christen kümmern sollte. Er schrieb damals: „Um unsere Liebe und unser Wohlwollen denen gegenüber, die sich Christen nennen, aber von diesem apostolischen Stuhl getrennt sind, besser zum Ausdruck zu bringen, damit sie die Konzilsarbeiten mitverfolgen können und damit sie leichter den Weg finden, um die Einheit zu erreichen, für die Jesus Christus an den himmlischen Vater ein so inniges Gebet

---

[50] *Ihr sollt ein Segen sein. Denk-Anstöße von Persönlichkeiten aus Gesellschaft, Kirchen und Politik*, Hrsg. R. Runge, T. Großmann, V Deile, T. Bolzenius. Freiburg 2003.

richtete, errichten Wir einen besonderen Rat oder Sekretariat, dem ein Kardinal vorsteht, den Wir aussuchen, und das so organisiert ist wie die Kommissionen."[51]

Als Johannes XXIII. dies schrieb, da hatte er den Kardinal schon vor Augen: Augustin Bea, Jesuit, Beichtvater seines Vorgängers Pius XII., sollte Vorsitzender dieser Kommission werden.[52] Dies war kein Zufall, sondern von verschiedenen Seiten geplant. Der Erzbischof von Paderborn, Kardinal Lorenz Jaeger, soll maßgeblich – zusammen mit Bea – sich dafür eingesetzt haben. Diese Aufgabe war auf den Jesuiten wirklich zugeschnitten, und nur er konnte sie in dieser Form auch ausführen. Er war Exeget, Studienpräfekt, Provinzoberer gewesen, später Professor und Rektor des Bibelinstituts in Rom, schließlich – neben seiner Rolle als Beichtvater – auch Ratgeber Pius XII. Er hatte also nicht nur internationale Erfahrung, sondern auch Erfahrung in Leitungsfunktionen, er war wissenschaftlich anerkannt und zugleich ein Mann, der ganz hinter einem Papst wie Pius XII. gestanden und sich die Weisungen und Lehre der Kirche zueigen gemacht hatte.

Kardinal Bea hat mit seinem Wissen und seiner Art dem Einheitssekretariat eine bleibende Prägung gegeben. Er konnte auf die anderen zugehen, weil er zutiefst im Glauben der katholischen Kirche verankert war, der Kirche Jesu Christi. Er war der Überzeugung, daß sich ein Katholik keine ‚Einheit' der Kirche Christi denken könne, die

---

[51] „Superno Dei nutu", in *Acta et Documena Concilio Oecumenico Vaticano II apparando*, I, I, Vatikan 1960, 95.

[52] Für diesen Artikel wurden herangezogen: A. Bea, *Einheit in Freiheit. Betrachtungen über die menschliche Familie*, Stuttgart-Berlin-Köln-Mainz 1964. A. Bea, *Die Kirche und die Menschheit*, Freiburg-Basel-Wien 1967. A. Bea, *Ecumenismo nel Concilio. Tappe pubbliche di un sorprendente cammino*, Milano 1968, S. Schmidt, Augustin Bea. *Der Kardinal der Einheit*, Graz-Wien-Köln 1989.

nicht Einheit der Lehre, Einheit der Kirchenregierung unter dem von Christus gestifteten und im Papst verwirklichten Primat und in der Einheit der Sakramente wäre. Dies ist die klassische Kirchendefinition, die Bea von seinem Ordensbruder Bellarmin aus der Zeit der Gegenreformation übernommen hatte.

Doch Bea war nicht nur in seinem Glauben tief verankert, er war aus dieser Haltung auch fähig, auf andere zuzugehen. Er konnte sich auf einen Dialog einlassen, was nicht heißt, daß er Unterschiede verwischte. Wer heute Beas Bücher in die Hand nimmt, wird verwundert sein, wie geschickt der Kardinal mit ökumenischen Fragen umgehen konnte. Er schaffte es, alle zufrieden zu stellen, in unnachahmlicher Weise den katholischen Glauben beizubehalten und dennoch ökumenisch zu sein. Seine Ausführungen zur Kirchlichkeit von protestantischen Gemeinschaften leugnen an keiner Stelle die einzige Kirche Jesu, die katholische Kirche. Und doch muß der Protestant am Ende versöhnt sein, weil er Ehre und Wertschätzung von einem erhält, der hundertprozentig katholisch ist. Nicht im Leugnen der katholischen Lehre oder im dialektischen Herumdrehen von Aussagen des Lehramts hat er ökumenische Wege gefunden, sondern im klaren Bekenntnis der eigenen Lehre, im Aufzeigen der Unterschiede und dennoch in großer Liebe.

Bei Kardinal Bea waren Liebe und Wahrheit gepaart mit Gottvertrauen. Es war dem Kardinal klar, daß die Einheit unter den Christen nicht Menschenwerk sein kann, sind doch die Unterschiede zu groß. Aber bei Gott ist möglich, was bei Menschen unmöglich ist. Daher konnte Bea auch lehrmäßig ganz hinter den Aussagen der Enzyklika „Humani Generis" von Pius XII. stehen. Der Jesuit hat die

Aussagen Pius' XII. ernst genommen, an der doch so viele zu jener Zeit Anstoß genommen hatten. Für die Enzyklika gehört es zu den Irrtümern der Moderne, daß es gefährlich sei, die Lehren der Kirche abzuschwächen, oder durch Neuinterpretation deren Sinn zu verändern, um so eine Basis für die Begegnung mit Nichtkatholiken zu haben. Die Enzyklika Pius' XII. endet so: Eine glückliche Rückkehr in den Schoß der Kirche von Dissidenten und Irrenden werde nicht durch einen falschen ,Irenismus' erreicht, sondern eher durch die offene Darlegung vor allem der ganzen Wahrheit der Kirche, ohne eine Korrektur und ohne irgendeine Abschwächung.

Genau diese Ansicht vertrat der deutsche Kardinal. Er hatte erkannt, daß die Enzyklika Recht hatte, wenn sie behauptet, daß eine auf diese Weise eventuell erreichte Einheit „zum Verderben aller" führen würde. Bea selbst meinte nämlich auch, daß man die ganze katholische Lehre vorlegen und darlegen müsse, weil die Nichtkatholiken die Wahrheit suchten, aber auch weil außerhalb der Wahrheit niemals eine echte Einheit erreicht werden könne. Das Testament Jesu Christi ist wohl eher die Nachfolge in der Wahrheit als die Suche einer Einheit um jeden Preis. Heute wird bis zum Überdruß wiederholt, daß sie in der Heiligen Schrift ihren evangelischen Nachbarn begegnen können.

Davor genau hatte die Enzyklika „Humani Generis" in weiser Voraussicht gewarnt, und auch das Zweite Vatikanische Konzil hatte das noch klar gesagt. Nur wird diese Stelle selten zitiert. Es handelt sich um das viel beachtete Ökumenismusdekret „Unitatis Redintegratio", das jedoch in Nummer 11 auch sagt: „Die Art und Weise der Formulierung des katholischen Glaubens darf keinerlei Hindernis bilden für den Dialog mit den Brüdern. Die gesamte Lehre muß vorgelegt werden. Nichts ist dem ökumenischen Geist so fern wie jener falsche Irenismus, durch den die Reinheit der katholischen Lehre Schaden leidet und ihr ursprünglicher und sicherer Sinn verdunkelt wird. Zugleich muß aber der katholische Glaube tiefer und richtiger ausgedrückt werden auf eine Weise und in einer Sprache, die auch von den getrennten Brüdern wirklich verstanden werden kann."

Die Ernennung Kardinal Beas war ein Segen für die ökumenischen Beziehungen auf dem Zweiten Vatikanischen Konzil. Während jeder Versuch des Ersten Vatikanums, Beobachter anderer Konfessionen einzuladen, fehlgeschlagen war, gelang es dank der Bemühungen des Einheitssekretariats, Beobachter verschiedener Konfessionen einzuladen. Das Einheitssekretariat kümmerte sich um die Gäste und übernahm die so wichtige Vermittlerrolle.

Es soll nicht verschwiegen werden, daß viele Konzilsväter das Einheitssekretariat wie ein Bollwerk gegen die Theologische Kommission nutzten und versuchten, Widerstand gegen die in der Vorbereitungskommission erstellten Dokumente aufzubauen. Dies war legitim, wenn es um Fragen der Ökumene ging, weniger jedoch, wenn es um Fragen der Lehre ging. Denn die Fragen der Lehre hatte Johannes XXIII. ausschließlich der Theologischen Kommission überlassen.

Nach dem Konzil sollte die ökumenische Arbeit, die so viele Kontakte während des Konzils ermöglicht hatte, nicht verlorengehen. Es war also bei der Neuordnung der Kurie auch dieser Aspekt zu bedenken. Das Konzilsdekret „Christus Dominus" legt bezüglich der römischen Kurie in der Nummer 9 fest: „Bei der Ausübung der höchsten, vollen und unmittelbaren Gewalt über die Gesamtkirche bedient sich der Papst der Behörden der Römischen Kurie. Diese versehen folglich ihr Amt in seinem Namen und mit seiner Vollmacht zum Wohle der Kirchen und als Dienst, den sie den geweihten Hirten leisten." Im Namen des Papstes und zum Wohl der Kirche den anderen Konfessionen die Hand zu reichen, sollte auch nach dem Konzil Aufgabe des Einheitssekretariats bleiben. Darum wird es von Paul VI. auch nach 1965 weiter bestätigt. Der Papst beläßt daher auch alle im Amt, die während des Konzils für das Sekretariat gearbeitet hatten. In der Apostolischen Konstitution „Regimini Ecclesiae Universae" legt Paul VI. im Jahr 1967 die Kompetenzen und die Ziele des Sekretariats fest. Es soll die Einheit der Christen fördern. Aus diesem Grund fördert das Sekretariat die Beziehungen zu den Brüdern in anderen Gemeinschaften, doch muß der Papst darüber informiert werden. Die exakte Interpretation und Durchführung katholischer Prinzipien der Ökumene liegen genauso in seiner Obhut wie auch die Förderung der katholischen Gruppierungen, die sich um ökumenische Anliegen kümmern. Vor allem aber entsendet das Sekretariat katholische Beobachter zu christlichen Zusammenkünften und lädt fremde Beobachter zu katholischen Treffen ein.

Kardinal Bea starb im November 1968, und sein langjähriger Sekretär, der Holländer Johannes Willebrands, wurde sein Nachfolger. Doch die Aufgabe des Sekretariats ist so etabliert, daß es nur noch um Festigung und nicht mehr um Pionierarbeit geht.

Heute unterhält der „Päpstliche Rat" für die Förderung der Einheit der Christen sehr viele Kontakte mit einer beeindruckenden Zahl von getrennten Kirchen und kirchlichen

Gemeinschaften. Die Apostolische Konstitution „Pastor Bonus", mit ihr reformierte der Papst Johannes Paul II. 1988 noch einmal die Kurie, änderte den Namen des Seketariats in „Päpstlicher Rat". An der Aufgabe dagegen hat sich nichts geändert. Doch legt Johannes Paul II. in dieser Konstitution mit größerer Deutlichkeit den lehramtlichen Rahmen fest, in dem sich der „Päpstliche Rat" bewegen kann. Alle Fragen, die in irgendeiner Weise den Glauben berühren – so wird im entsprechenden Paragraphen festgelegt – stehen der Glaubenskongregation zu, doch wiederholt der Papst noch einmal diesen Punkt an der Stelle, wo er über den „Päpstlichen Rat" für die Einheit der Christen spricht.

Die Angelegenheiten des Glaubens werden in enger Zusammenarbeit mit der Glaubenskongregation behandelt, vor allem wenn es sich um öffentliche Dokumente oder Erklärungen handelt. Dafür war die „Gemeinsame Erklärung zur Rechtfertigung" ein gutes Beispiel.

Noch während des Konzils wurde das Einheitssekretariat in zwei Sektionen aufgeteilt, eine westliche und eine östliche, die sich entsprechend mit den Kirchen und kirchlichen Gemeinschaften des Westens beziehungsweise mit den Ostkirchen befassen sollten. Erst 1974 wurde eine Kommission eingerichtet, die sich um die religiösen Beziehungen zu den Juden bemühen sollte. Sie ist zwar getrennt vom Einheitsrat, hat aber den denselben Vorsitzenden wie der Einheitsrat.

Papst Johannes XXIII.

„Geliebte Kinder, geliebte Kinder, ich höre eure Stimmen. Meine Stimme ist nur eine einzige, aber sie faßt die Stimmen der ganzen Welt zusammen. Hier ist in Wirklichkeit die ganze Welt vertreten. Man könnte sagen, daß heute auch der Mond sich beeilt hat. Schaut da oben, auch er wohnt dem Schauspiel bei." Mit diesen Worten wandte sich Papst Johannes XXIII.[53] an die vielen Römer, die sich anläßlich der Konzilseröffnung abends zu einem Fackelzug auf dem Petersplatz eingefunden hatten. Es war der 11. Oktober 1962, für den der Papst die Konzilseröffnung festgelegt hatte, ein Marienfeiertag,: „Nun, wenn wir sie anrufen, wenn wir alle zusammen den Blick auf Jesus, auf ihren Sohn richten, wenn wir daran denken, wieviel Freude in euch und in euren Familien ist, aber auch an Leid und Traurigkeit, dann nehmt guten Willens den Segen des Vaters entgegen. (...) Wenn ihr nach Hause zurückkehrt, dann werdet ihr die Kinder vorfinden, umarmt sie, und sagt ihnen, diese Umarmung ist vom Papst."[54] Vielen Römern ist der Abend mit dem ergreifenden Fackelzug gut in Erinnerung geblieben, und viele sind noch heute ergriffen, wenn sie an jenen Abend denken. Dies ist wohl auch der Grund, daß vor allem die Römer vor ihm knien, seitdem er auf der rechten Seite der Petersbasilika aufgebahrt liegt. Man kann ihn ganz aus der Nähe sehen.

Welch ein Mensch war Johannes XXIII.? Die Frage scheint mindestens elf Millionen Italiener beschäftigt zu haben,

---

53 Mit weltlichem Namen Angelo Roncalli.

54 Die Rede kann angehört – und gesehen werden – auf der Internetseite des „Istituto Luce".

als vor einiger Zeit das italienische Staatsfernsehen über den „Papa buono", den „guten Papst", zwei Abende lang einen Spielfilm ausstrahlte. Solche Zuschauerzahlen sind bei Spielfilmen völlig ungewöhnlich und werden allenfalls bei der Fußballweltmeisterschaft überschritten.

Der Film bestätigte alle Klischees: ein mutiger und liebenswürdiger Mann, der an seiner Umgebung leidet, und doch immer nur das Gute tut. Kein sportlicher, sondern ein eher träge wirkender alter Mann, der Kinder streichelt und immer wieder ein herzliches Wort spricht. Von Herzen gut, demütig und fromm wird er im Film dargestellt. Aber er ist auch der Papst, dessen Wahl eine Kompromißlösung war, ein Übergangspapst, der das Konzil einer göttlichen Eingebung zufolge einberief. Ständig mußte er sich gegen eine übermächtige Kurie durchsetzen, die ihn jedoch nicht völlig ausschalten konnte. Erst am Sterbebett, so die filmische Darstellung, bekehrt sich Alfredo Ottaviani, der intrigante Vorsitzende des Heiligen Offiziums, zur Haltung des Papstes. Doch war das der wirkliche Angelo Roncalli? „Sotto il Monte" – „Unter dem Berg" heißt die Häuseransammlung, in der Angelo Giuseppe im November 1881 geboren wurde. Wie in eine Burg hatten sich die Roncallis hier eingenistet. Kinder waren in jenen Gegenden im ausgehenden neunzehnten Jahrhundert willkommene Arbeitskräfte, und so ist nicht verwunderlich, daß die Familie sich keinesfalls dafür einsetzte, den begabten Jungen Priester werden zu lassen. Noch vor seinem vierzehnten Lebensjahr trat Angelo Roncalli ins Seminar ein und erhielt die Tonsur. Es war die Zeit der starken Opposition zwischen Staat und Kirche. Die Kirche war durch den jungen italienischen Staat ihrer weltlichen Macht beraubt worden, und den Italienern wurde von der

Kirche auch das Wählen verboten. Doch Roncallis Interesse lag nicht so sehr in der Gegenwart, schon als Jugendlicher interessierte er sich für Kirchengeschichte. Er promovierte 1904 in Theologie in Rom.

Als Apostolischer Visitator in Bulgarien begann er nach der Bischofsweihe 1925 seine diplomatische Karriere, die bis 1952 dauerte. In den Ländern Osteuropas wirkte er mit großem Erfolg zugunsten der katholischen Minderheiten, nicht zuletzt durch das Knüpfen erster ökumenischer Kontakte mit den Orthodoxen. In der Türkei und Griechenland konnte er während des Krieges deportierten Juden und der hungernden griechischen Bevölkerung helfen. Eine bedeutsame Auszeichnung erfuhr er durch Pius XII., der ihn an die Pariser Nuntiatur, die päpstliche Vertretung mit dem größten Ansehen, berief. Hier hatte er unter anderem eine schwierige Aufgabe zu erfüllen: Dreißig Bischöfe waren der Kollaboration mit der Vichy-Regierung angeklagt worden. Schließlich wurden nur drei Bischöfe des Amtes enthoben. Immer noch unter Pius XII. wurde er nach neun Jahren in Paris für den Bischofsstuhl in Venedig bestimmt, dort traf er im Jahr 1953, nach der Erhebung zum Kardinal, im letzten Konsistorium Pius XII. Nun gehörte der kleine Bauerjunge aus Norditalien zu den möglichen Kandidaten für die Nachfolge Pius XII., denn der Patriarch von Venedig war schon immer ein „papabile". Trotz seines fortgeschrittenen Alters wurde Angelo Roncalli dann in der Tat zum Papst gewählt.

Wenn Johannes XXIII. von den Italienern vor allem wegen seiner Herzlichkeit geschätzt wird, so kommt ihm historisch und kirchenpolitisch deshalb besondere Bedeutung zu, weil er drei Monate nach seiner Wahl zum Papst ein Konzil ankündigte. Bereits in den zwanziger Jahren des letzten Jahrhunderts hatte Pius XI. über die Frage eines Konzils nachgedacht. Er schrieb an die Bischöfe, um deren Meinung zu erfahren und heftete die Antworten eigenhändig ab. Schließlich schaute er sich persönlich den Zustand des Konzilsarchivs an und ordnete die nötigen „Aufräumarbeiten" an. Doch Pius XI. hatte zunächst die Schwierigkeiten mit dem italienischen Staat zu überwinden, erst 1929 wurde mit den Lateranverträgen eine Lösung gefunden. Die Konzilsidee vergaß er nicht, doch kam er nicht mehr dazu.

Erst nach dem Zweiten Weltkrieg schien die Zeit reif zu sein, das unvollendet gelassene Konzil von 1869/70 wieder aufzunehmen. Hinter dem Schreibtisch Pius XII. standen wohl noch jene vier Aktenordner mit der Befragung des Episkopats, die sein Vorgänger angeordnet hatte. So beauftragte Papst Pacelli das Heilige Offizium bereits im Jahr 1948 mit den Vorbereitungsarbeiten zu einem Konzil. Hier und später in Arbeitsgruppen arbeiteten bereits viele zusammen, die später für das Zweite Vatikanum die vorbereitenden Schemata erstellen sollten. Die Thematik war bereits klar. Die Konstitution über die Kirche war vom Ersten Vatikanum nicht mehr vollendet worden, und in der Eile hatte man nur den päpstlichen Primat als Thema herausgenommen und verabschiedet. Der Teil über die Bischöfe und ihr Kollegium war unvollendet geblieben und auch eine Definition der Kirche war nicht gegeben worden. Die Vorbereitungen wurden auf Wunsch Pius XII. 1951 – in einem weit fortgeschrittenen Stadium – unterbrochen. Pius XII. zog sich zurück.[55] Einiges von dem Material, das

[55] Die ausführlichste Quelle für die „Vorläufer" des II. Vatikanums bleibt: „I ‚precedenti' del Concilio Vaticano II" in G. Caprile, Hrsg., Il Concilio Vaticano II. Annuncio e preparazione 1959–1962. Vol. I. Parte I – 1959–1960, Roma 1966.

für ein Konzil vorbereitet worden war und sich vorwiegend gegen die Irrtümer der Zeit richtete, hatte Pater Sebastian Tromp in die Enzyklika „Humani Generis" (1958) eingearbeitet. Eine zweite Enzyklika war bereits vorbereitet als Pius XII. starb.

Doch in weiten Kreisen der Kurie wußte man von den begonnenen Vorarbeiten für ein Konzil. Der neue Papst sollte die Angelegenheit weiterführen. Denn die Lehre von der Kirche drängte, zusammen mit anderen Problemen, auf eine konziliäre Bestimmung. Eine weitere Enzyklika als Ersatz für ein Konzil wäre nicht jedem Papst recht gewesen. Und so erscheint das Konzil nicht mehr als so unwahrscheinlich. Auch ist es wahrscheinlich, daß Johannes XXIII. von den Vorarbeiten wußte, oder dies wenigstens bei der wöchentlichen Audienz, die Kardinal Ottaviani als Kardinal des Hl. Offiziums bei ihm hatte, von diesen Arbeiten erfahren hat.

Es mag naheliegen, einen einzigen Satz Johannes XXIII. so auszulegen, als sei er eines Morgens im dritten Monat seines Pontifikats aufgewacht und hätte von Gott gesagt bekommen, ein „Pastoralkonzil" einzuberufen. Doch Gott wählt auch bei Päpsten viel häufiger „gewöhnliche" Wege. Ein gläubiger Mensch – und das geistliche Tagebuch Roncallis zeugt davon – wird das Wirken Gottes auch im Alltäglichen sehen, auch im Alltag eines Papstes. Vielleicht war genau diese von Gott gewählte Person Alfredo Ottaviani, der Mann des Heiligen Offiziums, der den Papst vom Vorhaben seines Vorgängers unterrichtete. Oder vielleicht interessierte sich der Kirchengeschichtler auf dem Papstthron selbst für die Fortsetzung des Vatikanischen Konzils. Was für ein Konzil wollte Johannes XXIII? Wenn man heutige Publikationen über ihn liest, wenn man sieht, wer sein geistiges Erbe übernehmen will, dann kann man nur staunen, wie weit man dann vom wirklichen Johannes XXIII entfernt ist. Denn der „papa buono" war ein konservativer Priester älteren Jahrgangs, der die lateinische Sprache liebte und den Fortschritt nicht gutheißen konnte. Die Kirche, wie er sie sah, wollte er zu den Menschen bringen, nicht die moderne Welt in die Kirche.

In der berühmten Rede vom 25. Januar 1959 vor den in St. Paul vor den Mauern versammelten Kardinälen unmittelbar vor der Ankündigung des Konzils: „All das – sagen wir, dieser Fortschritt – lenkt von der Suche nach den höheren Gütern ab, schwächt die geistigen Energien, führt zum Nachlassen auf dem Gebiet der Disziplin und der alten guten Ordnung. Und dies mit großem Schaden für die Widerstandskraft der Kirche und ihrer Kinder den Fehlern gegenüber. In Wirklichkeit hat dies in der Geschichte der Christenheit immer zu verhängnisvollen und unseligen Trennungen geführt, zum geistlichen und moralischen Verfall, zum Schaden der Nationen."[56]

So benannte Johannes XXIII. also drei Monate nach Beginn seines Pontifikats mit aller Deutlichkeit, welches Problem er für die Kirche in jenen Jahren sah und weswegen er ein Konzil einberufen wollte. Er sah das, was er vereinfacht mit dem Namen „Fortschritt" bezeichnete, als Übel an. Es gab demnach für Papst Johannes ein kirchliches Problem, das nicht in der mangelnden Öffnung auf die Welt hin bestand, sondern gerade in dem Fortschritt, den die Welt auch in die Kirche hineinträgt. Dieser Fortschritt war für den Papst nicht an und für sich schlecht, doch lenkte er von der Suche nach den höheren Gütern ab.

---

56 *Acta et documenta Concilio Oecumenico Vaticano II apparando*, Vatikan 1960, I, I, 5.

Aus den gleichen Gründen berief Papst Johannes eine Diözesansynode für die Stadt Rom ein und schließlich ein Konzil für die ganze Kirche. Es sollte aber kein Konzil des „Aggiornamento“[57] sein, die Kirche sollte kein „aggiornamento“ erleben. Dieses Wort gebrauchte er, um zu erklären, daß im Anschluß an das Konzil das Kirchenrecht ein „aggiornamento“ erfahren müsse. Aber kein Wort von einem Pastoralkonzil. Kein Wort von einer Aufweichung der Lehre, der Disziplin. All das ist Wunschdenken mancher Konzilsinterpreten.

Später, als dann alles vorbereitet war, sollte der Papst wieder sein väterliches Gesicht zeigen und die schönen Worte vom „frischen Wind“, vom „zu öffnenden Fenster“, vom „Garten“ verwenden, Worte, die man jedoch nicht wahllos aus seinen Reden herausgreifen darf. Damit würde man der Persönlichkeit dieses Papstes nicht gerecht. Und das Wort „aggiornamento“ tauchte in den Reden, Briefen und Texten Johannes XXIII. erst wieder drei Jahre nach der Konzilsankündigung auf.

Währenddessen ernannte der Papst den zweiten Mann im Heiligen Offizium – Präfekt war damals nicht der Kardinal, sondern der Papst selbst – Alfredo Ottaviani, zum Vorsitzenden der wichtigsten Konzilskommission. Und der Papst setzte sich dafür ein, daß ein Jesuit wie Sebastian Tromp – vermutlich gegen den Willen Ottavianis – Sekretär der Kommission würde. Und er vertraute wohlwissend einem Mann wie Augustin Bea – Beichtvater seines Vorgängers und Mitarbeiter an der Formulierung des letzten Mariendogmas (1950) – das Sekretariat für die Einheit der Christen an.

---

57 „Aggiornare“ bedeutet wörtlich „auf den heutigen Stand bringen“.

Nicht Schwäche hatte ihn mit Erfolg in der Diplomatie über 25 Jahre wirken lassen und auch nicht bloß Güte. Auf solchem Parkett wußte er – der seinen Glauben in einer fast mittelalterlich anmutenden Umgebung angenommen hatte und von Kindheit an in einem kirchlichen Umfeld lebte –, daß man mit viel Freundlichkeit den anderen dazu bringt, das zu tun, was man möchte. Johannes XXIII. war kein Mann des Kompromisses, sondern der freundlich vorgetragenen Klarheit. Er hatte die nötige Geduld, die man nur aus der Kenntnis der Geschichte und einem starken Glauben heraus haben kann. Doch wenn er etwas wollte, dann setzte er es durch.

Bevor er im September 1962 an Krebs erkrankte und ihm am 3. Juni 1963 erlag, hatte er noch mit aller Kraft die Vorbereitungsarbeiten für das Konzil verfolgen können. Er war der Vorsitzende der Zentralkommission, und er hätte alle Entwürfe der Konzilsdokumente ablehnen können. Er hätte mit seiner unverwechselbaren diplomatischen Art sagen können: Das möchte ich nicht... das oder das dagegen wünsche ich. Doch was er wirklich wollte und auch schriftlich formulierte, ist die Beendigung der Arbeit des Ersten Vatikanischen Konzils am Dokument über die Kirche. Ihm gefielen – im Gegensatz zu Karl Rahner – die vorbereiteten Schemata. Er ist es, der ein Kapitel über die Heiligen wollte, über Himmel, Hölle und Fegefeuer.

Johannes XXIII. ist somit nicht der Papst des „aggiornamento" im Sinne einer Aufweichung der Lehre oder der Sitten. Er ist nach dem strengen Pius XII. eine väterliche Gestalt auf dem Petrusstuhl. Er ist der Papst, der in der gespannten Zeit des Kalten Kriegs den Menschen seiner Zeit die Sicherheit des Glaubens, die menschliche Nähe und die Hoffnung vermittelt. Er ist auch der Inbegriff eines

gesellschaftlichen Sprungs, wie er erst im letzten Jahrhundert in dieser Form möglich geworden ist, denn der arme Bauernjunge wurde Papst. So war seine Seligsprechung fast ein Muß, weil die Kirche auf den Glauben der Menschen hört und hier nur zu erklären hatte, was die Leute bereits glaubten: Daß dieser gütige aber auch schlaue Mann auf dem Papstthron im Himmel ist.
Einmal sagte er: „Ihr werdet im übrigen dafür sorgen, die jungen Leute dazu zu bringen, die Welt kennen zu lernen und zu verstehen, in der zu leben und zu wirken sie berufen sind, indem ihr ihnen beibringt, all das zu heiligen, was der Fortschritt an Gutem, an Heiligem, an Schönem bietet." Und er fügte noch sein Verständnis von „aggiornamento" an: „Aber das bedeutet nicht Kompromisse mit dem weltlichen Geist (spirito secolare) einzugehen und noch weniger, den Wert des Verzichts und der Abtötung abzumildern." Den Spiritualen der Seminare sagte er dann: „Ein falsch verstandenes Aggiornamento, das nur darum bemüht wäre, das Seminarleben zu versüßen oder die Natur zu sehr zu streicheln, würde nur Persönlichkeiten schaffen, die im Gegensatz stehen zu Jesus Christus als Priester und Opfer. Im Gegenteil, die Anpassung an die modernen Erfordernisse der Zeit wird zu einer tieferen Verinnerlichung der Persönlichkeit Jesu und des gekreuzigten Jesu führen müssen. Die Seminaristen müssen sich in die Selbstverleugnung des Kreuzes verlieben, damit sie die Bedingungen der Armut lieben lernen, die der Klerus so häufig zu leben gezwungen ist, und mutig den Verzicht und die Mühe des Apostolats auf sich nehmen."[58]

---

[58] *Discorsi. Messaggi. Colloqui del Santo Padre Giovanni XXIII.* Bd.VI. *Quarto anno del Pontificato*, 9.9.1962, 515.

Papst Paul VI.

Der frühere Bundeskanzler Konrad Adenauer war ebenso gegen seine Wahl wie der italienische Staatspräsident Antonio Segni: Schon im Mai 1963 – also noch zu Lebzeiten Johannes XXIII. – setzten sie alle Hebel in Bewegung, um die Wahl Giovanni Battista Montinis, später Paul VI., zu verhindern. Dieser hatte – nach Auffassung Segnis und Adenauers – eine gefährlich Neigung nach links. Beide versuchten über persönliche und diplomatische Kontakte, auf die vermeintliche Gefahr hinzuweisen.

Während Johannes XXIII. Benito Mussolini nicht ablehnte, stand die Intellektuellenfamilie aus Brescia, das Elternhaus von Papst Montini, dem Faschismus kritisch gegenüber. Sie gehörten – aktiv – zur Volkspartei, doch waren sie keinesfalls Kommunisten. Mitten im Kalten Krieg – die Wahl Montinis erfolgte wenige Monate nach der Kuba-Krise – war die politische Haltung eines geistlichen Oberhaupts von einigen hundert Millionen Menschen von nicht geringer Bedeutung. Doch die Bedenken der beiden Staatsmänner stellten sich später als unbegründet heraus, denn der Papst war nicht so „links" wie man befürchtete.

Schon zu Lebzeiten Johannes XXIII. vermutete man in Montini den künftigen Papst. Allerdings fehlten ihm die seelische und körperliche Stärke seines Vorgängers. Von Jugend auf kränkelnd, brauchte der am 26. September 1897 geborene Giovanni Battista die Unterstützung von Hauslehrern, um die Schule – ein staatliches Gymnasium, da die Jesuitenschule zu anspruchsvoll war – abzuschließen. Dabei fehlte es ihm sicher nicht an intellektuellen Fähigkeiten, davon zeugen seine Interventionen im

Konzil, seine Reden und seine Haltung zu bestimmten Themen. Er hatte nicht die „Leichtigkeit“ und tiefe Fröhlichkeit seines Vorgängers, der andere für sich gewinnen und an sich binden und konnte. Es heißt, er sei ängstlich und zweifelnd gewesen, und jede Entscheidung habe ihn große Kraft gekostet.

Der neue Papst mußte nach der Wahl umgehend die Leitung des Konzils übernehmen. Johannes XXIII. hatte das Konzil einberufen, die Vorbereitungskommissionen ernannt und schließlich, bereits todkrank, das Konzil eröffnet. Die erste Konzilssession war zur Unzufriedenheit aller verlaufen. Es gab harsche Kritik an den Dokumenten der Vorbereitungskommissionen. Das Schema über die Offenbarung lehnte man sogar ab.

Im ersten Halbjahr 1963 wurden Dutzende Schemata aus dem Programm gestrichen, andere willkürlich gekürzt, wieder andere in den Kommissionen in wenigen Sitzungen stark verändert. Die Bischöfe, die nicht in den Kommissionen saßen, erfuhren von den Arbeiten praktisch nichts. Hunderte von ihnen sandten ihre Beobachtungen und Kritiken – die sogenannten Animadversiones – die niemand las, weil das Dokument längst völlig verändert oder gänzlich aus der Liste der zu diskutierenden Schemata gestrichen worden war. Neues war also erstellt worden, doch war es nun das Richtige? Und schließlich: Wie konnte das Konzil effizienter arbeiten? Welche Voraussetzungen waren dazu nötig? Dies waren einige der zahlreichen Probleme, die auf den neuen Papst zukommen sollten. Johannes XXIII. hatte seinen Wunschkandidaten für die Nachfolge deutlich gemacht. Montini war 1954 von Pius XII. zum Erzbischof von Mailand ernannt worden. Schon beim Konklave 1958, aus dem der Roncalli-Papst hervorging, galt Montini als möglicher Kandidat, obwohl er noch nicht Kardinal war. Johannes XXIII. erhob Montini im ersten Konsistorium zum Kardinal und ließ ihn während des Konzils im Vatikan wohnen. Wie hätte er seine Hochachtung deutlicher zum Ausdruck bringen können? Die Situation war so klar, daß die auf dem Petersplatz wartenden Gläubigen auf die Frage von Journalisten, wer aus der Papstwahl hervorgehen würde, fast einstimmig „Montini" antworteten.[59]

Unmittelbar nach der Wahl gab Paul VI. bekannt, das Konzil werde fortgesetzt. Natürlich versuchte daraufhin jeder Kardinal, seine Sicht des Konzils an das neue Kirchenoberhaupt heranzutragen. Paul VI. war stets ein offener Gesprächspartner für die Kardinäle. Im Konzil wurde das „Papstargument" jedoch allzu oft genutzt, um einer Position Gewicht zu verleihen. Paul VI. wirkte diplomatisch, er machte keine klaren Vorgaben. Das erstaunt nicht: Bevor er für die Kurie in Rom tätig wurde, war er im diplomatischen Dienst an der Nuntiatur in Warschau gewesen. Als Pro-Staatssekretär gehörte er zudem zu den engeren Beratern Pius XII.

Zu den ersten Entscheidungen des neugewählten Papstes gehörte also die Wiederaufnahme des Konzils. Die zweite Session sollte Ende September 1963 beginnen. Paul VI. eröffnete sie mit einer programmatischen Rede, die nicht nur für das Konzil, sondern programmatisch für sein Amt sein sollte.[60] Vier Punkte stellte er für die Konzilsarbeit wie für sein Pontifikat heraus:

---

59 Das Istituto Luce stellt im Internet die Aufnahmen der Dokumentarfilme und Nachrichten der letzten Jahrzehnte zur Verfügung.

60 „Summi Pontificis Pauli VI Allocutio Secunda SS. Concilii Periodo Ineunte" 29.9.1963.

1. Die Definition oder das Bewußtsein von Kirche
2. Die Reform der Kirche
3. Die Wiederherstellung der Einheit der Christen
4. Der Dialog der Kirche mit den Menschen der Gegenwart

Zur Arbeit über die Kirchenkonstitution erklärte er: „Das Bewußtsein von Kirche klärt sich, wenn man mit unzerstörbarer Treue auf die Worte und Aussagen Christi hört, mit ehrfurchtsvollen Respekt die sicheren Lehren der heiligen Tradition befolgt, wenn man der inneren Erleuchtung des Heiligen Geistes folgt, der nun von der Kirche zu fordern scheint, daß sie mit allen ihren Kräften versucht, die Menschen verstehen zu lassen, was sie ist."[61]

Im Hinblick auf die Kirchenkonstitution kam auf Papst Paul VI. in dessen zweitem Pontifikatsjahr eine schwierige Entscheidung zu: Die Kirchenkonstitution fand bei vielen Bischöfen nicht wirklich Zustimmung und zwar da, wo es um die Lehre des Bischofskollegiums und dessen Verhältnis zum Papst geht. Zwar war die Mehrheit der Konzilsväter mit dem formulierten Text einverstanden gewesen, doch zunächst zeigten sich über fünfhundert Bischöfe mit dem Kapitel unzufrieden. Das war eine starke Opposition, die nicht einfach übergangen werden konnte.

Umstritten war – vereinfacht dargestellt – die nicht ausreichende Absicherung des päpstlichen Primates angesichts der Rechte des Bischofskollegiums, das in der Nachfolge des Apostelkollegiums gesehen wird. Diese Frage war während des Ersten Vatikanischen Konzils nicht mehr behandelt worden und bildete nun den vielleicht wichtigsten Punkt der Lehre des Zweiten Vatikanums.

---

[61] ibid.

Es muß Paul VI. sehr schwer gefallen sein, in dieser Frage eine Entscheidung zu fällen. Man führte sogar Mängel im Verfahren an, um den Text abwerten zu können. Kardinal Larraona suchte in aller Eile die Unterschriften der anderen Kardinäle zu erhalten, um dem Papst die Unzufriedenheit mit dem dritten Kapitel zum Ausdruck zu bringen. Diese – lange abgestrittene – Initiative war bedenklich, ebenso andere Versuche, Entscheidungen unter Ausschluß der Theologischen Kommission und der Konzilsaula zu forcieren. Kardinal Ottaviani antwortete Larraona, er teile die Sorge um das rechte Verständnis des Kapitels über die Bischöfe. Jedoch wolle er der Kommission, die den Text erarbeitet habe, nicht in den Rücken fallen und werde daher nicht unterschreiben. Bei aller Kritik an der Kurie erwies sich Ottaviani als loyal gegenüber den Kollegen.[62]
Wie muß ein solches Vorgehen auf Paul VI. gewirkt haben? Auf einen Mann, der nicht selbstsicher entscheiden konnte, sondern stets alle Aspekte überdenken und berücksichtigen wollte? Der Papst reagierte schließlich mit der „Erläuternden Vorbemerkung" auf die umstrittenen Fragen des III. Kapitels und die Bedenken der noch zögernden Bischöfe. Bei der Schlußabstimmung lehnten nur noch fünf Bischöfe den Text ab. Damit hatte Paul VI. klar für den päpstlichen Primat und die Tradition der Kirche Stellung bezogen.
Es ging dem Papst nicht um einen Bruch mit der Tradition. Der zweite Punkt der programmatischen Rede zu Beginn der zweiten Sitzungsperiode des Konzils erläuterte, was der Papst unter „Kirchenreform" versteht. Darin heißt es: „Die Erneuerung, an die das Konzil denkt, kann also weder

[62] Briefe in ASV, Conc. Vat. II, 781, 365.

darin bestehen, das aktuelle Leben der Kirche umzustoßen, noch darin, mit ihren Traditionen zu brechen, in den Elementen, die wesentlich und verehrungswürdig sind, sondern eher im Respektieren dieser Traditionen, indem sie von kurzlebigen und verdrehten Formen befreit, authentisch und fruchtbar gemacht werden."[63]
Der Papst legt hier aus, wie das Konzil zu verstehen ist. Seine Aussage ist klar. Dabei ist zu berücksichtigen, daß die Aussage eines Kirchenoberhaupts schwerer wiegt als die eines beliebigen Theologen, wenn heute – mit Berufung auf das Konzil – mit der Tradition der Kirche auch in wesentlichen Punkten gebrochen wird. Paul VI. hat seine Interpretation der Kirchenreform gegeben und uns damit klare Richtlinien für die Weiterführung der Konzilsentschlüsse aufgezeigt. Der Respekt vor der Tradition der Kirche ist nicht die Frage nach der Beibehaltung oder Abschaffung der lateinischen Sprache in der Messe. So wichtig diese Frage ist, so ist sie doch nicht eine Frage, die die Lehre betrifft, sondern eine Frage der Praxis, die wieder und wieder geändert werden kann. Doch die Frage nach der Eucharistie und der Weihe, die Frage nach Rechtfertigung und Gnade, die Frage nach der Autorität des Papstes und auch die Frage der Verehrung der Muttergottes als Jungfrau, all dies betrifft die Tradition, die nicht beliebig verändert werden kann. Die Kirche hütet dieses Glaubensgut, und keiner in der Kirche kann sich anmaßen – und wie häufig nur aus Opportunitätsdenken – etwas davon zu verändern. Auch nicht um der Ökumene willen.

[63] „Summi Pontificis Pauli VI Allocutio Secunda SS. Concilii Periodo Ineunte" 29.9.1963.

Dies erläuterte Paul VI. unmißverständlich im dritten Punkt, der die Wiederherstellung der Einheit unter allen Christen behandelt. Er trat hier, wie er sagte, das Erbe seines Vorgängers auf dem Papstthron an. „Was sich heute im Schoß der von Uns getrennten christlichen Gemeinschaften ereignet und jeden Tag stärker zu Tage tritt, zeigt nämlich vor allem zwei Dinge: daß die Kirche Christi eine einzige ist und sie eine einzige sein muß und daß diese geheimnisvolle und sichtbare Einheit nicht anders realisiert werden kann, als in dem einen Glauben, in der Teilhabe an denselben Sakramenten, in der geregelten Zugehörigkeit an die einzige kirchliche Ordnung, wenn auch Verschiedenheit in den Sprachen, heiligen Bräuchen und althergebrachten Gewohnheiten, örtliche Privilegien, (...) akzeptiert werden können."[64] Im Hinblick auf die ökumenischen Bemühungen erklärte er: „Wenn das Ergebnis nicht unseren Hoffnungen und Erwartungen entspricht, werden wir uns an diese Worte Christi erinnern, die voll Trost sind: ‚Was für Menschen unmöglich ist, ist für Gott möglich.' (Lk 18, 27)"[65]

In derselben Konzilssession, in der auch die „Nota explicativa praevia" entstand, machte der Papst noch einmal von seinem Recht Gebrauch, die Konzilstexte durchzusehen und seine Änderungsvorschläge einzubringen. Dafür hatte der Sekretär des Sekretariates für die Einheit der Christen kein Verständnis. Der Text des Ökumenismusdekretes sollte eigentlich nur der Form halber dem Papst übergeben werden. Im Vergleich zur Theologischen Kom-

64 „Summi Pontificis Pauli VI Allocutio Secunda SS. Concilii Periodo Ineunte" 29.9.1963.
65 ibid.

mission, die stets in engem Kontakt mit beiden Konzilspäpsten arbeitete, führte das Sekretariat gewissermaßen ein „Eigenleben". Regelmäßige Berichterstattung an den Papst, wie die Theologische Kommission es zu tun pflegte, scheint es – zumindest nach den Akten zu urteilen – nicht gegeben zu haben. Zwar ist „Unitatis Redintegratio" nur ein Dekret und hat damit nur eine sehr geringe Verbindlichkeit.[66] Dennoch mußte der Papst den Text unterschreiben. Als man ihm das Dokument kurz vor der Schlußabstimmung vorlegte, wünschte er kleine Änderungen. Der holländische Sekretär des Einheitssekretariates, Johannes Willebrands, schrieb verschiedene Berichte über jene Tage vor der Verabschiedung des Dokumentes. Was den heutigen Leser völlig überrascht, ist, daß sich im Sekretariat wohl keiner der Tatsache bewußt war, daß diese Bemühungen vom Papst initiiert wurden, und die Konzilsaula nicht allmächtig war.[67]

Nicht alle Änderungen wurden von Willebrands und seinen Helfern akzeptiert. Der Text wurde dem Papst erneut vorgelegt und dieser bestand auf drei Änderungen, die man scheinbar „übersehen" hatte. Willebrands beschloß, diese letzten Änderungswünsche des Papstes zu ignorieren.[68]

---

[66] Über die Verbindlichkeit von Konzilsdokumenten wird noch diskutiert. Dennoch sollte beachtet werden, daß Johannes XXIII. nur die Theologischen Kommission beauftragte, Fragen der Lehre zu bearbeiten. Daher betrafen die Dokumente der anderen Kommissionen Fragen der Disziplin. Daß dies auch so verstanden wurde, kann man aus dem reichen Briefwechsel zwischen der Theologischen Kommission und den anderen Kommissionen ersehen. Denn jedesmal wenn Kommissionen strittige Lehrfragen berührten, wandten sie sich an die Theologische Kommission, damit diese die Frage klärte. Es ist also folglich völlig widersinnig zu behaupten, die Dekrete des Konzils, insbesondere das Ökumenedekret, hätten eine Verbindlichkeit, die der einer Konstitution gleichkommt.

[67] Das Konzil steht nicht über dem Papst! Der Papst beruft ein Konzil ein, und er muß die Dokumente unterschreiben, damit sie für die Kirche Geltung haben. Mit dem Tod eines Papstes ist das Konzil automatisch unterbrochen.

Vielleicht ist die Geschichte der Papstwünsche an das Ökumenedekret heute von geringer Bedeutung, auch wenn sie sich wie ein Kriminalroman liest. Doch sie ist wichtig, um die Stellung Pauls VI. zu erklären, sein theologisches Gewicht im Konzil und sein Selbstverständnis des Papstamtes. Hier trennen sich die Wege und es entsteht ein erstaunlicher Bruch zwischen dem, was die Verantwortlichen für die katholische Ökumene erarbeiten und ihr Verständnis von katholischer Kirche, von Primat und Glaubensgehorsam. Dennoch unterzeichnete Paul VI. das Dekret schließlich.

Der letzte Teil seiner Rede war dem Verhältnis der Kirche zur heutigen Welt gewidmet. Er unterstrich – wie es wohl dem Charakter und dem Temperament des Papstes entsprach – die Schattenseiten der Zeit.

Die Klarheit im Urteil sollte das Pontifikat Paul VI. auch in der Zeit nach dem Konzil kennzeichnen. Paul VI. hat vieles vorausgesehen. Seine Reisen ins Heilige Land und nach Indien, die Aufhebung der wechselseitigen Kirchenbanne mit der orthodoxen Kirche und die Frage der Empfängnisverhütung, die er aus Gewissensgründen anders entschied als seine Berater, sind Zeichen für die Größe dieses Papstes, der das Konzil nicht nur durch drei Sessionen leitete, sondern es mit einer ungeahnten Kraft auch verwirklichte.

Wenige Wochen vor der oben erwähnten Ansprache besuchte ihn der alte Kanzler Adenauer, kurz vor seinem Rücktritt als Bundeskanzler, mit seiner Tochter. Ob die kla-

---

[68] Siehe ASV, Conc. Vat. II, Secretariatus ad christianorum unitatem fovendam, De Oecumenismo 007/Maggio-Dic. 1964, 6. Leichter zugänglich, wenn auch nicht ganz so ausdrucksstark: W. Becker, „Einführung" in *Das Zweite Vatikanische Konzil. Konstitutionen, Dekrete und Erklärungen*, Teil II, 11–39.

ren Worte dieser Konzilsrede zu der verfolgten Kirche in den Ländern, die unter kommunistischer Herrschaft standen, aus der langen Unterredung mit Adenauer hervorgegangen sind?

Wohl hatte das Kirchenoberhaupt andere Informationsquellen. Doch wenn sie auch keinen kommunistischen Staatsmann bekehrt haben, sollten die Worte des Papstes zur Eröffnung der zweiten Konzilssession Adenauer und Segni die Erkenntnis geschenkt haben, daß der Heilige Geist bei der Wahl eines Papstes nicht irrt – so „links" er auch scheinen mag.

Heribert Schauf

Eine auch nur annähernd objektive Darstellung des Zweiten Vatikanischen Konzils scheint es bislang nicht zu geben. Zu viele Interessen sind an eine bestimmte Interpretation dieser großen Bischofsversammlung gebunden. Alle nur erdenklichen Mittel werden zum Erhalt einer für gewisse Gruppen vorteilhaften Sicht der katholischen Lehre eingesetzt. So vergißt man wichtige Punkte aus dem Konzil zugunsten anderer, völlig zweitrangiger, oder schweigt ganze Themenbereiche schlicht tot.

Daher ist es gut, gegen den Strom zu lesen und sich nicht mit einer oberflächlichem Sichtweise zufrieden zu geben. „Möge die Geschichtsschreibung sine ira et studio die Geschichte der Publizistik des Vatikanum II schreiben. Möge sie jeden Artikel zehnmal kritisch anschauen und sich bewußt bleiben, daß bei den meisten sensationellen Nachrichten und tendenziösen Meldungen, die man später hoffentlich als solche noch erkennt, die Mitteilungen entweder nicht stimmen oder verdreht sind; mögen sie feststellen, was fehlt; mögen sie auf die Beweisführung achten.“[69] So schreibt Heribert Schauf in seinem Tagebuch, das zu den wenigen Unterlagen gehört, die nicht „linientreu“ im Sinne der zitierten Presse und der meisten Veröffentlichungen zum Zweiten Vatikanum sind.

Das von einem durchaus konservativen Mann zu behaupten, scheint ein Widerspruch. Doch Schauf fällt eben wegen seiner Kirchentreue und seiner Treue zur Tradition aus der allgemeinen Linie der Konzilsinterpretation.

69 Tagebuch Schauf, 4.12.1965, 273.

Denn heute geht es vielmehr darum zu zeigen, daß nach dem Zweiten Vatikanum fast alles möglich ist.
Dazu muß man natürlich manche Aspekte einfach übersehen. So die im Konzil getroffene Einteilung der Dokumente in dogmatische Konstitutionen, Dekrete und Erklärungen mit entsprechend unterschiedlichem Verbindlichkeitsgrad. Dies ist ein viel behandeltes Thema im Tagebuch Schaufs, der mit Klarheit erkennt, daß eine einfache Erklärung, die das Konzil aus aktuellem Anlaß verabschiedet hat, nicht so wichtig sein kann wie eine lang diskutierte Konstitution. Das gerät heute oft in Vergessenheit.
Am Tagebuch Schaufs läßt sich auch erkennen, daß die schnell abgetanen Dokumente, die die Vorbereitungskommission erarbeitet hatte, theologische Arbeit waren. Schauf hat allein zu einer Frage, die zu behandeln ihm aufgetragen wurde, monatelang Akten studiert. Für die Frage nach der Stellung der Bischöfe neben dem Papst – ein Argument, das im Ersten Vatikanum nicht mehr voll behandelt werden konnte – bekam Schauf eine Sondergenehmigung zur Einsicht des Materials im Geheimarchiv des Vatikans. Hier untersuchte er die Argumente, die neunzig Jahre zuvor zur gleichen Frage vorgetragen worden waren. Und seine ausführliche Dokumentation diente als Grundlage für die Arbeit am Kapitel über die Bischöfe für die Kirchenkonstitution. In vielen Einzeltreffen mit anderen Theologen wurde nicht nur die Textvorlage, sondern auch die dahinterstehende Theologie analysiert.
Während des Konzils mußten aus Zeitgründen rasch Kompromißtexte erstellt werden. Schauf berichtet, wie in diesem Zusammenhang entsprechende Eingaben zustande kamen: Bei den Treffen des deutschen Episkopats und der Theologen während des Konzils im Priesterkolleg Santa

Maria dell'Anima lag eine Liste aus, in die sich die Teilnehmer zu Beginn der Sitzung eintrugen. Während der Gespräche verließen mehrere Teilnehmer den Saal, sodaß bei der Abstimmung nicht mehr alle auf der Liste verzeichneten Bischöfe anwesend waren. Dennoch reichte Kardinal Döpfner die Liste mit seiner Anfrage ein.

Noch beeindruckender ist die Leichtigkeit, mit der sich viele Bischöfe in ihrer Meinung umstimmen ließen, sowie die mangelnden theologischen Kenntnisse zu den jeweils diskutierten Themen. Schauf äußerte wiederholt und offensichtlich enttäuscht über die Bischöfe, daß diese zu „Papageien ihrer Theologen" geworden seien. Aber die geringe Objektivität in der Diskussion ließ ihn handeln. Er spielte – im Gegensatz zu Tromp – das allgemeine Spiel mit und versuchte selbst in ähnlicher Form Einfluß zu nehmen, wie dies seine theologischen Gegner taten. Schauf versuchte zunehmend, Bischöfe auf seine Seite zu ziehen und durch Veröffentlichungen die Aufmerksamkeit auf bestimmte Aspekte zu lenken, die seine Gegner gerne verschwiegen hätten.

Der Autor zeichnet ein desolates Bild der Konzilwirklichkeit und der nachkonziliaren Theologie, die immer stärker „Meinungsmache" wird und immer weniger mit „Wissenschaft" zu tun hat. Wissenschaft hat mit Argumenten, mit Objektivität, mit Forschung und nicht zuletzt mit Redlichkeit zu tun. Davon sah man im Konzil von Sitzungsperiode zu Sitzungsperiode stets weniger. Denn wissenschaftlich arbeiten kann bedeuten, jahrelang schweigen zu müssen, weil die Forschung noch nicht so weit vorgedrungen ist, um ein Ergebnis vorlegen zu können. Nach dem Konzil entstand eine Schwemme leicht verdaulicher Literatur, die den theologischen Gegner ersticken sollte. Es genügte, wenn das theologische Buch einen Hauch von „Intellektualität" besaß, der häufig durch eine unsinnige Aneinanderreihung von Fremd- und Fachwörtern erzeugt wurde. Literatur mußte zudem leicht „romkritisch" sein, hoffnungsvoll ökumenisch und schließlich aufgeklärt kompromißfähig. Kurz gefaßt, sie mußte „opportun" sein. Der Konzilstheologe aus der „rechten Ecke", Heribert Schauf, gab von Sebastian Tromp den Ausspruch wieder, daß nicht die Wahrheitsfrage, sondern die Opportunitätsfrage im Konzil gestellt worden sei. Schauf wurde gegen Ende des Konzils noch schärfer und schrieb, die Opportunitätsfrage sei zur Wahrheitsfrage geworden.

Auf dem Konzil stand Schauf zufolge nicht die Wahrheitsfrage im Vordergrund. Zunächst sah es so aus, als solle das Zweite Vatikanische Konzil ein Konzil „wie jedes andere" sein. Papst Johannes XXIII. erklärte mit Nachdruck, man solle sich der Lehre des Ersten Vatikanums anschließen und die dort verkündete Lehre vervollständigen. Dann jedoch kam die Rede vom „pastoralen Konzil" auf. Und man las die päpstlichen Ansprachen bewußt unter Hervorhebung dieses Gesichtspunkts.

So wurden auch die vorbereiteten Dokumente, in denen mit viel Bedacht manche Sätze feierlichen und definitiveren Charakter hatten, herausgenommen und stattdessen im „Enzyklikenstil" geschrieben, d. h. weicher, wortreicher und allzu oft auch verworrener. Schauf ärgerte sich häufig über Textveränderungen, die seines Erachtens eine Verschlechterung darstellten.

Es störte Schauf auch, daß die von der Vorbereitungskommission geschriebenen Texte vom Konzil einfach beiseite gelegt werden konnten, ohne daß die Verfasser Gelegenheit erhielten, sie zu verteidigen. Er prangerte an, daß Kommissionen Fragen entschieden, ohne die Bischöfe in der Konzilsaula zu befragen. Denn es genügte, daß die Kommission eine Streichung mit einfacher Mehrheit beschloß, um den Konzilsvätern den Text nicht mehr vorzulegen. Zur Macht der Kommissionen und ihrer Theologen kam die Macht der Koordinierungskommission. Hier legten einige Kardinäle fest, wie oft über ein Dokument abgestimmt werden sollte.

In Schaufs Aufzeichnungen erfährt der Leser, wie auf diese Weise eine Abstimmung gesteuert wurde. Hatte der einzelne Bischof zu einer Detailfrage eine differenzierte Meinung, wählte er bei einer Gesamtabstimmung zu einem ganzen Kapitel viel eher pauschal mit „placet" oder „placet iuxta modum" und damit war das Kapitel bereits angenommen. Nicht nur Schauf erkannte das Problem. Viele Bischöfe machten wiederholt Eingaben und forderten Klarheit bezüglich der theologischen Qualifikation der Texte. Allen schien bewußt zu sein, daß sich die „pastorale" Sprache nicht dazu eignet, Definitives zu lehren.

Übereinstimmend mit den Quellen berichtete Schauf, daß Tromps angeblicher Gegenspieler Gérard Philips bei der Kirchenkonstitution das Wort „dogmatisch" zunächst gestrichen hatte. Tromp machte in einer Sitzung darauf aufmerksam. Nicht der angeblich konservative Flügel wollte die Dokumente weniger verbindlich gestalten, sondern der eher liberale. Manches, das wird in Schaufs Tagebuch deutlich, paßt nicht ohne weiteres in das „konservativ-progressive" Schablonendenken. Umso erstaunlicher ist es, daß der Wortlaut der pastoralen Konzilstexte heute behandelt wird, als beinhalte er dogmatische Definitionen. Damals waren sich alle Parteien einig, daß dies nicht der Sinn der Texte sein konnte. Man wollte eine Richtung vorgeben, keine Lehre verabschieden. So heißt es in Schaufs Tagebuch: „Das Konzil ist, wie diese Gegenseite zugibt, im Sinne der sogenannten Konservativen verlaufen, was die dogmatischen Fragen und Aussagen angeht: ‚De Revelatione' (Über die göttliche Offenbarung), ‚De Ecclesia et Episcopatu' (Über die Kirche und das Bischofsamt), ‚De matrimonio' (Über die Ehe), ‚De Bello et Pace' (Über Krieg und Frieden).... Was bringt die Zukunft? Gott gebe dem Papst Stärke und Kraft und die Fülle des Geistes! Amen."[70]

Wer heute das Konzil gegen den Strom lesen möchte, der sollte nicht nur das Tagebuch Schaufs lesen, sondern auch die „Erinnerungen" Hans Küngs zu Rate ziehen.[71] Man wird erfreut und überrascht sehen können, daß die Wahrheit der Konzilsgeschichte nicht in der Sekundärliteratur gesucht werden muß, sondern von zwei Konzilstheologen erzählt wird, die sich schon während des Konzils in Artikelserien aufs heftigste widersprachen. Wohlverstanden: die Erwartungen an das Konzil, die Schwerpunkte und Einschätzungen, ja die gesamten theologischen Auffassungen der beiden ehemaligen Germaniker könnten gar nicht unterschiedlicher ausfallen. Doch sie sind auf ihre Weise kohärent mit ihrer Welt- und Kirchensicht. Sie erheben nicht den Anspruch der Objektivität und der letztgültigen Konzilswahrheit, sondern stellen dar, was sie erlebt, gesehen und geglaubt haben. Wenn die Geschichtsschreibung des Zweiten Vatikanums einmal ein wahrheitsgetreues Bild zeichnen wird, dann werden auch

---

70 Schauf Tagebuch, 19.10.1965, 275.

71 H. Küng, *Erkämpfte Freiheit. Erinnerungen*, München 2002.

diese beiden Akteure als Mosaiksteine eines großen Geschehens sich ineinanderfügen.
Heribert Schauf starb 1989, 79-jährig nach kurzer Krankheit. In Düren geboren, studierte er in Bonn, Rom und Münster. Als Germaniker machte er sein Doktorat in Rom 1937, über die „Römische Schule" mit Sebastian Tromp als Doktorvater. Diese Beziehung prägte ihn maßgeblich. Schauf wurde nach verschiedenen Stellen als Kaplan, Domvikar und Religionslehrer, Professor für Kirchenrecht am Aachener Seminar und dort 1950 Subregens. Während der Vorbereitung und während des Konzils war er Konsultor, dann Konzilsperitus und Berater des Aachener Bischofs Pohlschneider. Nach dem Konzil unterrichtete er von 1976 – 1986 am Priesterseminar in Lanterhofen Dogmatik.
Schaufs sporadisch geführtes Konzilstagebuch, das er im Jahr 1965 noch einmal abschrieb, ist sprachlich eher holprig. Doch findet sich darin wertvolles Material, das in der nachkonziliaren Diskussion zu Unrecht untergegangen ist. Dazu gehört die Darstellung des konkreten Ablaufs der Arbeiten, der Rechte einzelner Teilnehmer, der fragwürdigen Mehrheiten, der Entscheidungs- und Machtverhältnisse. Schauf arbeitete in der Kommission, die Fragen nach Schrift und Tradition behandelte und vertrat dort die klassische Lehre, daß es in der Kirche eine Tradition gibt, die zur Schrift noch Glaubensgut hinzufügt, das in dieser Form in der Schrift nicht enthalten ist.
Schaufs Beteiligung an der Diskussion in den Konzilskommissionen hat wesentlich zur Klärung mancher Ideen beigetragen. Manchem ist dank Schauf die Bedeutung von Fragestellungen bewußt geworden. Im Gegensatz zu Otto Semmelroth, dessen Tagebuch von Ausgeglichenheit zeugt, scheint Heribert Schauf nicht immer mit sich

selbst und seiner Rolle im Konzilsgeschehen glücklich gewesen zu sein. Er suchte stets Bestätigung und versuchte, neben seinem Lehrer Tromp in irgendeiner Form zur Geltung zu kommen. Tromps Einfluß hat sich positiv auf Schauf ausgewirkt, denn so konnte er beobachten, was es bedeutet, im Stillen zu wirken. Auch Schauf hat aufopferungsvoll für die Kirche gearbeitet, aber nicht in der liebenden Freiheit Tromps. Schauf ging es auch um sein persönliches Recht. Es war für ihn zudem nicht immer leicht, zurückzustehen und Gottes Vorsehung wirken zu lassen. Er handelte manchmal überschnell und reagierte allzu heftig, vor allem im Umgang mit seinen Mitmenschen und seinen theologischen Gegnern.

Daher hört man bis heute nicht viel Gutes über Heribert Schauf, und auch, wer sich um eine ausgeglichene Konzilsinterpretation bemüht, scheut die Beschäftigung mit seinen Unterlagen und seinem Werk. Der Brief, den der Professor für Katechetik vom Aachener Priesterseminar Schauf nach Rom schickt, ist jedoch auch ein klarer Hinweis darauf, daß die Verachtung, die Schauf erfuhr, nicht nur an ihm lag. Seine Verbindung zu Tromp, dem er stets gerade in einfachen theologischen Diensten zur Hand ging, war manchem ein Dorn im Auge. In dem Brief heißt es: „Darf ich Dir etwas verraten? Du nimmst es mir hoffentlich nicht übel. Kennst Du schon den Komparativ von Tromp? Der heißt ‚Schauf'. Man behauptet, Du wärest noch trömper als Tromp. Vielleicht versteifst Du Dich etwas zu sehr auf Deine sauberen und kristallklaren Begriffe. Möglicherweise müssen ganz neue Begriffe gefunden werden, um die ganze Offenbarungswirklichkeit einzufangen. (...) Vielleicht bist Du aber stolz darauf, Deinen Lehrer übertrompt zu haben. Trotzdem möchte ich Dir den guten

Rat geben, wenn ich es darf, in Gegenwart der Exzellenzen etwas zurückhaltender und gemäßigter zu sein."[72]
Heute dagegen kann man Schauf nur danken, daß er in seinem Tagebuch nicht zurückhaltend war, sondern ehrlich. Damit hat er den folgenden Generationen ein Stück Konzilswahrheit erschlossen.

[72] Tagebuch Schauf, 21.11.1962, 85, Brief von Jos. Dreissen, Professor für Katechetik am Aachener Seminar.

Alfredo Ottaviani

„Wir werden die Kirche vor den Fehlern in der Lehre und den Sitten verteidigen, die sie innerhalb und außerhalb ihrer Grenzen in ihrer Unversehrtheit bedrohen und ihre Schönheit verhüllen."[73] So schließt ein Brief, den fünfundzwanzig Kardinäle am Abend vor der Eröffnung der dritten Sitzungsperiode des Zweiten Vatikanischen Konzils an Papst Paul VI. richten. Diese Schlußworte des Briefes sind von Paul VI. selbst. Und sie sind nicht zufällig gewählt. Die drei Seiten, die das Oberhaupt der Christenheit an jenem Abend in den Händen hält, sind offensichtlich – das Zitat verrät es schon – der Vorstoß derjenigen, die man „Konzilsminderheit" oder „Konservative" nennt.

Ihr Anliegen scheint ernst, und sie richten es direkt an den Papst. Man kann daraus leicht entnehmen, daß diese Purpurträger meinen, in der Konzilsaula würden sie nicht die gewünschte Mehrheit erhalten. An erster Stelle steht auf der Liste der Unterzeichner Kardinal Ernesto Ruffini. Der Erzbischof von Palermo ist Wortführer der „Konservativen". Zum Ärger seiner Gegner argumentiert er nicht mit Blick auf die Tradition der Kirche, sondern zunächst exegetisch. Tagelang bereitet sich der Erzbischof in der Bibliothek der Gregoriana auf seine Wortmeldungen in der Aula vor. Da kostet es einige Mühe, ihn zu widerlegen. Mächtigster Mann dieser Gruppe ist jedoch nicht Ruffini, wie man meinen könnte. Der mächtigste ist Kardinal Alfredo Ottaviani. Doch ein kurzer Blick auf die Liste der Unterzeichner des Briefes an den Papst läßt staunen: sein Name kommt nicht vor.

---

[73] ASV, Conc. Vat. II, 781, 365.

Römischer Kardinal und Vorsitzender der Theologischen Kommission, leitete Alfredo Ottaviani von 1952 bis 1967 das Heilige Offizium, die ersten Jahre war er jedoch nur Pro-Sekretär. Doch schon vor 1952 war er 17 Jahre Assessor im Offizium. Er war so etwas wie eine Institution.
Daher war er auch für die Gruppe der unterzeichnenden Kardinäle von entscheidender Bedeutung. Sein Name auf der Liste der Unterzeichner hätte dem Anliegen noch mehr Gewicht verliehen. Es ging in dem Schreiben schließlich um nichts anderes als das so wichtige dritte Kapitel von „Lumen Gentium", das Kapitel über das Bischofskollegium. „Habemus Papam" hatte er nach der Wahl Johannes XXIII. und Pauls VI. den wartenden Menschen auf dem Petersplatz angekündigt. Verschiedene Quellen geben auch an, er sei es gewesen, der die Wahl des Roncalli-Papstes vorantrieb. Ottaviani soll noch während des Konklaves die Konzilsidee dem künftigen Johannes XXIII. nahegebracht haben, auch wenn Roncalli nach Zeugenaussagen bereits als Patriarch von Venedig den Gedanken an ein Konzil hatte.
Es lag im Interesse Ottavianis, die Vorbereitung des Konzils 1948–1951 unter Pius XII. nun endlich zu einem Abschluß – also zu einem Konzil zu führen. Es gab also keinen Grund, die Idee vor Johannes XXIII. geheimzuhalten. Pius XII. hatte schließlich kein Konzil einberufen wollen und hatte beschlossen, das vorbereitete Material in Enzykliken zu verwenden. Doch damit konnte die unvollständig gebliebene Kirchenlehre des Ersten Vatikanischen Konzils sicher nicht zu Ende geführt werden. Man hatte 1870 vier Kapitel über den Primat herausgegriffen und dann auf vielerlei Wunsch die Unfehlbarkeit als Dogma erklärt. Nun fehlte jedoch die Lehre über die Bischöfe und ihr Kollegium.

Johannes XXIII. setzte die Fortsetzung der Kirchenlehre des Ersten Vatikanums auf die Tagesordnung der Kommission. Es ließ Ottaviani im Amt als Sekretär des Heiligen Offizums. Damit lag er auf einer Linie mit seinem Vorgänger. Und er betraute Ottaviani zudem mit der verantwortungsvollen Aufgabe, die Theologische Kommission in der Vorbereitungsphase zu leiten. Er erneuerte die Ernennung – ein klares Zeichen von Vertrauen – auch für die Konzilszeit.

Erst nach dem Konzil wurde Ottaviani mit der Kurienreform von Paul VI. im Jahr 1967, inzwischen 77 Jahre alt, zum emeritierten Präfekten der Glaubenskongregation.

Die Kurienreform war eine Folge des Konzils. Sie war kein Konzilsbeschluß, sondern eines jener Geschehnisse, die man gerne als „im Geiste des Konzils" geschehen sieht. Eine Reform war nötig und auch mehrfach von den Konzilsvätern gewünscht worden. Die Änderungen waren vor allem für das Heilige Offizium bedeutsam. Bis zu dieser Reform hatte es aufgrund der Aufgabe, die Lehre der Kirche zu verteidigen, eine besondere Stellung. Der Präfekt dieser Kongregation war nicht ein Kardinal, sondern der Papst selbst gewesen. Die Kongregation wurde auch einfach nur „Suprema" genannt.

Ottaviani war mit dieser Reform nicht einverstanden, und in seinem Urteil ist der Grund für seine Ablehnung in fast prophetischen Worten wiedergegeben: „Erinnert euch daran, dies ist ein schwarzer Tag in der Geschichte der Kirche, denn es geht nicht um die Form und nicht um die Titel, es geht um die Substanz. Bislang war nämlich das höchste Prinzip der Regierung der Kirche die geoffenbarte Lehre, die zu hüten und richtig zu interpretieren in der Kirche in erster Linie dem Papst überlassen war, der sich dieser Kongregation bediente, die daher die ‚Suprema' war. Nun weiß ich nicht, welches das leitende Kriterium für die Regierung der Kirche sein wird, aber ich befürchte, daß es das Diplomatische und Vorläufige sein wird. Ich sehe voraus, daß die Kirche dadurch viel Schaden erleiden wird, aber weil sie vom Geist getragen, wird man früher oder später wieder das Kriterium der Regierung annehmen, das sich an der Offenbarung inspiriert und seinen wesentlichen Inhalten …"[74]

Der Rücktritt Ottavianis war keinesfalls das Zeichen eines Rückzugs aus der nachkonziliaren Kirche. Er wußte besser als jeder andere, was das Konzil in Lehrfragen entschieden hatte. In den wichtigen Fragen, so schrieb der Konzilsperitus Heribert Schauf am Ende des Tagebuchs, haben wir nicht verloren. Und er ist mit dieser Meinung ganz auf der Linie mit den Kardinälen Giuseppe Siri, Michael Browne und Ernesto Ruffini. Ottaviani schätzte die Liturgiereform nicht. Doch ihm war, ähnlich wie Tromp, auf dem Konzil in langen Diskussionen erklärt worden, daß das Zweite Vatikanum, aufgrund seines pastoralen Charakters auch Dokumente verabschieden konnte, die eben nur „pastoral» gedacht waren. Sie mußten keine theologische Verbindlichkeit haben und in ihnen wurde niemand zu einer neuen Lehre verpflichtet. So wußten Ottaviani und einige andere, entschieden Widerstand zu leisten, wenn es z. B. um die Erklärung zur Religionsfreiheit ging. Aber sie setzten all ihre Kraft ein, wenn es um Diskussionen ging, die Lehrfragen betrafen wie die Kollegialität der Bischöfe und die Frage nach Schrift und Tradition. Das heißt nicht, daß Ottaviani z. B. der Volkssprache in der

[74] Zitiert von E. Cavaterra, *Il prefetto del Sant'Offizio.Le opere e i giorni del cardinale Ottaviani*, Milano 1990, 85.

Messe einfach zustimmte. Er war völlig dagegen und sagte es auch. Aber er konnte sich fügen. Es war dies sein Gehorsam zur Kirche, der ihn zeitlebens prägte. Er suchte keine Ausflüchte, die er als Kirchenrechtler sicher gefunden hätte, um sich vor der Feier der italienischen Messe zu drücken. Er verzeichnet in seinem Tagebuch nüchtern: „Zelebriere die erste reformierte Messe." Und ein paar Monate später „Meine erste Messe auf Italienisch." Auch wenn ein Brief von ihm und anderen Bischöfen, Theologen und Liturgieexperten bekannt ist, der mit verschiedenen Argumenten den neuen Ordo Missae kritisiert, wird er dennoch ohne Einschränkungen zur Kirche, zu Papst Paul VI. und dem Konzil stehen.

Trotz aller Verschiedenheit im Charakter, in Fragen der Kirchenpolitik und der italienischen Politik, blieben Ottaviani und Paul VI. bis an beider Lebensende in Kontakt miteinander. Paul VI. starb einige Monate vor Ottaviani, nachdem Paul VI. den alten Kardinal noch einmal besucht hatte. An seinem Lebensende, er starb am 3. August 1979, hörte Ottaviani noch von der Wahl Johannes Paul II. und erlebte somit seinen neunten Papst. 49 Jahre lang hatte er im Staatssekretariat und in der Glaubenskongregation unter vier Pontifikaten der Kirche und dem Papst gedient. Er blieb sich immer treu. Sein Wappenspruch „Semper idem"[75] drückt dies überraschend gut aus. Er blieb sich selbst, der Kirche und ihrer Lehre treu. Er ist auch in seinen Freundschaften nicht wechselhaft. Die späteren Kardinäle Francesco Borgongini Duca, Pietro Parente, Domenico Tardini und Paolo Marella kannte er alle schon aus dem Seminar oder aus der Zeit als junger Priester.

75 „Stets derselbe" oder „stets dasselbe".

Paul VI. hatte in den dreißiger Jahren unter Ottaviani als seinem direkten Vorgesetzten im Staatssekretariat gearbeitet. Seine Wertschätzung kommt gut in einer handgeschriebenen Widmung des Papstes auf einem Foto zum Ausdruck. Hier sieht man Ottaviani, der Paul VI. die Tiara aufsetzt, und darunter steht in der fast kindlichen Schrift des Papstes: „Dem Kardinal Alfredo Ottaviani, der unser Oberer und Lehrer war als Substitut im Staatssekretariat und der als Sekretär der höchsten heiligen Kongregation des Heiligen Offiziums dem Heiligen Stuhl und uns einen Dienst mit seiner Weisheit und seinem Eifer gibt, geben wir unseren apostolischen Segen; und während wir bang und dankbar aus seinen Händen, die des ersten Diakons des heiligen Kardinalskollegiums, die päpstliche Tiara aufgesetzt bekommen, vertrauen wir darauf, daß er mit seiner tüchtigen und treuen Assistenz uns die Last weniger schwer macht und die Macht für die Kirche segensreicher. Paulus P.P. VI, 19. IV. 1964."[76]

Einem ängstlichen und zurückhaltenden Mann wie es der Montini-Papst[77] war, muß Ottaviani, der unerschrocken seine Haltung – wenn nötig auch allein – durchzusetzen verstand, Eindruck gemacht haben. Doch wer heute auf Kardinal Ottaviani und das Konzil schaut, kommt nicht umhin, das Konzil auch auf dem Hintergrund des Kalten Krieges und der italienischen Innenpolitik zu sehen, die von dieser Teilung der Welt in zwei Lager nicht verschon blieb. Denn während das Konzil mitten in der Vorbereitung steckte, versuchte Ottaviani mit Kardinal Giuseppe Siri,

---

76 Handschriftliche Widmung von Paul VI. unter einem Foto, in E. Cavaterra, *Il prefetto del Sant'Offizio. Le opere e i giorni del cardinale Ottaviani*, Milano 1990, 103.
77 Paul VI.

Vorsitzender der italienischen Bischofskonferenz, mit allen Mitteln, das Bündnis von Christdemokraten (DC) und den Sozialisten (PSI) in Italien zu verhindern. Ottaviani war auch in der Ablehnung des Kommunismus und Sozialismus bis an sein Lebensende „semper idem". Darin folgte er Pius XII., der Papst, der ihn wohl am stärkten geprägt hat, der bereits 1949 die Exkommunikation der Kommunisten durch das Heilige Offizium erklärt hatte. Eine Haltung, die auch Johannes XXIII. einnehmen wird, denn das Verbot für Katholiken, diese Partei zu wählen ergeht unter seinem Pontifikat. Doch seine Güte, die manchmal eher wie ein unüberlegtes Handeln erscheinen mochte, hatte in der italienischen Innenpolitik schwere Folgen. Denn für manchen mag die Audienz, die der Roncalli-Papst[78] dem Schwiegersohn Chruschtows und seiner Frau gewährte, als Friedensgeste gesehen worden sein, und sicher hat dies Johannes XXIII. selbst auch so gemeint. Doch tatsächlich behielten Siri und Ottaviani mit ihrer Ablehnung recht: die kommunistische Propaganda sollte diese Bilder anschließend zu ihren Gunsten ausschlachten und dadurch, so die Schätzungen, in den folgenden Wahlen eine Million Stimmen dazugewinnen.

Das Konzil tagte, und in Italien verhalfen die Christdemokraten in einem historischen Bündnis den Sozialisten an die Regierung. Ottaviani und Siri setzten alles Erdenkliche dagegen in Bewegung, sie sparen nicht mit Kritik. Sie standen damit völlig gegen einen italienischen Christdemokraten des äußersten linken Flügels mit Namen Giuseppe Dossetti. Ihm schwebte für Italien ein sozialistischer Staat, ähnlich dem Sowjetstaat vor, den er – im

---

[78] Johannes XXIII.

Gegensatz zu Ottaviani – für kompatibel mit der Soziallehre der Kirche hielt. Giuseppe Dossetti kandidierte zunächst erfolglos als Bürgermeister von Bologna, später zog er sich aus der aktiven Politik zurück und errichtete in Bologna ein Dokumentationszentrum.

Dieses Zentrum ist das „Istituto per le scienze religiose", es ist die Wiege der fünfbändigen Konzilsgeschichte und praktisch aller bekannten Konzilsinterpretationen. Giuseppe Dossetti wurde Priester und begleitete den Kardinal von Bologna, Giacomo Lercaro, zum Konzil. Das verursachte erhebliche Probleme. Und so ist möglich, daß auch Giuseppe Alberigo am Konzil teilnahm. Alberigo war ein Jünger Dossettis wie auch Romano Prodi, der heute Präsident der Europäischen Kommission ist. Sie gehören zu einer politischen Richtung und haben zusammen mit ihrem Lehrer Dossetti stets das liberale Gedankengut für gefährlicher gehalten als den Sozialismus.

Kardinal Ottaviani dagegen folgte der Enzyklika Leo XIII., „Rerum Novarum", und sah für die Kirche die größere Gefahr im Kommunismus und Sozialismus. Unversöhnliche Haltungen, die sich in der Konzilsgeschichte Alberigos treu widerspiegeln, auch wenn sie nie offen angesprochen wurden. So wird man in diesem Werk vergeblich nach einer ausgeglichenen Darstellung suchen, ohne damit wissenschaftliche Ergebnisse und Forschungseifer schmälern zu wollen.

Erstaunlich ist jedoch, daß außerhalb Italiens diese auch politischen Positionen wahrscheinlich unreflektiert als „wahre" Konzilsgeschichte gerade von deutschen Wissenschaftlern übernommen wurden, ohne kritisch hinterfragt zu werden. Kardinal Palazzini schreibt im Vorwort einer Biographie Ottavianis dazu recht deutlich, Kardinal

Ottaviani hätte sich an die legitime Leseart der kirchlichen Ereignisse gehalten.[79] Diese gründe nicht auf politischen und weltlichen Kategorien, sondern bewerte das Leben der Kirche aufgrund ihrer geistlichen Eigenschaften und ihrer Fähigkeit, religiöse und sittliche Ziele zu verfolgen.

Ottaviani wollte die Lehre der Kirche verteidigen. Dazu hatte er die Fähigkeiten, das war sein Ziel. Nicht immer sollte ihm das gelingen. Im Gegensatz zu dem, was über ihn geschrieben wurde, lassen die Konzilsereignisse einen manchmal sehr unüberlegten und übereilten Kardinal erkennen. Der Holländer und Jesuit Tromp stößt sich oft an dieser Haltung seines Vorgesetzten. Diese Eigenschaften mögen wirklich römisch sein, wie auch die nie verleugnete Herkunft des Kardinals.

Am 29. Oktober 1890 geboren, wuchs er im altrömischen Viertel von Trastevere, Sohn eines Bäckers, als vorletztes von zwölf Kindern auf. Die Verbindungen zu seiner Familie und seinen Freunden blieben für ihn wichtig, sodaß er alles in Bewegung setzte, um z. B. seinen Freund Pietro Parente aus Perugia zurückzuholen, dorthin hatte man ihn „abgeschoben". Der Versuch, auch den Posten des Sekretärs der Theologischen Kommission mit einem ihm genehmen Mann zu besetzen scheiterte nicht nur – Pietro Parente, inzwischen Assessor im Heiligen Offizium, erhielt überhaupt keine Rolle bei Vorbereitungsarbeiten zum Konzil. Dennoch war Parente für Ottaviani ein wirklicher Berater, und weil er der stärkste Opponent vom Sekretär der Theologischen Kommission, von Sebastian

79 Siehe E. Cavaterra, *Il prefetto del Sant'Offizio. Le opere e i giorni del cardinale Ottaviani*, Milano 1990.

Tromp war, war der Konflikt absehbar. Der Jesuit machte Ottavianis Vorzug von Parente schließlich, vielleicht nicht ganz zu Unrecht, dafür verantwortlich, daß das ursprüngliche Kirchenschema abgesetzt wurde. Der Kardinal hatte nämlich das Schema der vorbereitenden Kommission sowie die erarbeiteten Alternativen nicht verteidigt, sondern Parente ein eigenes Schema schreiben lassen. Dies schlug er dann anstelle des Schemas der Vorbereitenden Theologischen Kommission als offizielles Schema vor. Und dann ernannte er, offensichtlich ohne vorher darüber nachgedacht zu haben, sieben Bischöfe und Kardinäle dazu, aus den Vorschlägen auszuwählen.

Diese Unterkommission war völlig unüberlegt zusammengesetzt und konnte für den Entwurf von Parente nicht die nötige Mehrheit bekommen. Man wählte das „Schema Philips" als Diskussionsgrundlage für das Kirchenschema. In der nächsten Sitzung war Ottaviani offensichtlich betroffen über das Geschehene, und versucht die Entscheidung der Kommission, die er selbst einberufen hatte, für ungültig zu erklären. „Pacta sunt servanda"[80], wird man ihm sagen, und so wird das Schema Philips offiziell Eingang in die Konzilsgeschichte finden, zusammen mit seinem Autor und seinem Auftraggeber Kardinal Suenens.

Diese Ereignisse vom Februar 1963 veranlaßten Ottaviani vermutlich, die inhaltliche Vorstellung der Schemata der Theologischen Kommission vor der Konzilsaula nicht mehr wahrzunehmen. Damit erhärtet sich der Eindruck, er stehe nicht mehr hinter diesen Schemata.

---

80 Verträge müssen gehalten werden.

Aber es muß bei einer Vermutung bleiben, denn Ottaviani selbst hat sich nie dazu geäußert. Viele seiner Briefe und Reden sind von Tromp entworfen, der trotz allem für Ottaviani arbeitete, und es ist daher schwer zu sagen, was Ottaviani selbst zu einzelnen Punkten dachte. Er war praktisch eins geworden mit seinem Amt. Und so griffen ihn verschiedene Bischöfe auf dem Konzil an, als sei er das Heilige Offizium in personam. Ottaviani verteidigte mit großem Eifer nicht nur das Offizium, sondern auch den Papst und die Lehre der Kirche.

Doch, daß er als Mensch verletzlich war, läßt sich am leichtesten an der bekannten Episode aufzeigen, die sich in der ersten Konzilssession zutrug. Dort wurde Ottaviani von Kardinal Alfrink das Wort entzogen, weil Ottaviani, der ähnlich wie Frings fast blind war, sich nicht an die Zeitvorgabe gehalten hatte. In der Aula, so verzeichnen die offiziellen Konzilsakten, erhob sich Applaus, als Ottaviani unterbrochen wurde. Ottaviani mied daraufhin die Aula und zog sich zurück, bis man sich offiziell bei ihm entschuldigt hatte.

Ganz anders in der letzten Konzilssession, als Ottaviani, der die Schrecken beider Weltkriege erlebt hatte, mit dem ihm eigenen Eifer, eine flammende Rede für den Frieden hielt. Auch diesmal bekam er Applaus. Vielleicht hatte man zu diesem Zeitpunkt zwischen dem Menschen und dem Amt unterscheiden gelernt.

Doch Alfredo Ottaviani nahm sich selbst nie wirklich wichtig. Er kümmerte sich nicht nur finanziell, sondern mit persönlichem Einsatz um ein Heim für Mädchen in Frascati. Er war sich nicht zu gut, bis ins hohe Alter pastoral tätig zu sein. In jüngeren Jahren dagegen brachte er den Jungen der damals ärmlichen Vorstadtviertel um St.

Peter den Katechismus dadurch bei, indem er sich dumm stellte. Sein Freund, der spätere Kardinal Borgongini Duca, bemühte sich dann, dem dummen Freund vor einer begeisterten Zuhörerschaft den Katechismus nahezubringen.

Heute, nach einem pastoralen Konzil, wäre es vermutlich unmöglich, einen einzigen Priester zu finden, der diese einfache Pädagogik anwenden würde. Nicht weil man an der Wirksamkeit Zweifel hätte, sondern weil man sich nicht mehr für den Glauben und seine Weitergabe blamieren möchte.

In einem neueren biographischen Aufsatz[81] wird Ottaviani vorgeworfen, er sei in der Theologie, in der Exegese und in der Dogmengeschichte nicht auf dem Stand seiner Zeit gewesen, er habe keine wirkliche ökumenische Erfahrung gehabt und sei unfähig gewesen, die grundlegenden Elemente der liturgischen Erneuerung nachzuvollziehen. Vielleicht hätte er diese Vorwürfe geduldig ertragen. Daß seine Aufrichtigkeit, seine Treue und seine große Liebe aufgrund dieser Beurteilung nur eine Legende seien, mag ihn vielleicht härter treffen.

Vielleicht wird man sich nun doch fragen: warum er nicht – wie die anderen 25 Kardinäle – jenen Text gegen das III. Kapitel des Kirchenschemas unterzeichnete, das die hierarchische Struktur der Kirche und das Bischofsamt behandelt. Kardinal Larrona bat ihn herzlich zu unterschreiben, doch auf jenen Brief antwortete Ottaviani am 13. September 1964: „Ich teile viele Sorgen, die im Dokument dargestellt werden und besonders die Sorge um eine mögliche falsche Interpretation des dritten Kapitels

---

81 J. Grootaers, *I protagonisti del Vaticano II*, Cinisello Balsamo 1994, 195–205.

des Schemas. Dennoch kann ich die Einladung Ihrer Eminenz, dieses Dokument zu unterschreiben als Vorsitzender der Theologischen Kommission nicht annehmen. Es wäre inkonsequent, wenn ich zu der Zeit, in der ich als Vorsitzender vor der Konzilsversammlung das Dokument vorstelle, damit es diskutiert wird, den Hl. Vater bitte einzugreifen, um die Fortsetzung zu verhindern." [82]

Politische Urteile, mögen sie auch die Geschichtsschreibung des Zweiten Vatikanischen Konzils und seine Theologie heute beherrschen, halten nur, solange man ihr Spiel nicht aufdeckt. Die Wahrheit bleibt, und ihr diente Alfredo Kardinal Ottaviani in wirklicher Aufrichtigkeit und in Treue und Liebe zur Kirche.

[82] ASV, Conc. Vat. II, 781, 365.

Karl Rahner SJ

Der Name des großen deutschen Theologen Karl Rahner dient heute dazu, theologische Positionen zu identifizieren. Denn es gibt eine Gruppe, die ihn für den Inbegriff neuer Theologie schlechthin hält und sich im Gefolge seiner Ideen alles erlaubt. Und es gibt eine andere Gruppe, die Rahner fast verteufelt, so, als sei er der Urgrund aller negativen theologischen Entwicklungen. Wie so oft, steht auch bei Rahner die idealisierte Person mehr als die historische Person im Vordergrund. Die eine Seite hält alles für erlaubt, was einen Rahnerschen Hauch hat, die andere zieht gezielt aus seinen Schriften das heraus, was gegen die Tradition verstößt. Ähnlich verhält es sich auch mit Rahners Konzilsbeteiligung: was die einen als Segen für das Konzil sehen, meinen die anderen für viele Unklarheiten im Konzil verantwortlich machen zu müssen.

Doch das Konzil war mehr als nur eine Versammlung. Das Zweite Vatikanische Konzil bestand aus zwei Vorbereitungszeiten und vier Konzilssessionen. In diesen vier Sitzungsperioden fanden hunderte von Versammlungen der Konzilsväter in der Aula statt, und es wurden tausende Reden gehalten. Und dann gab es Kommission und Sekretariate, die das Konzil durch hunderte von Sitzungen der Kommissionen und Unterkommissionen vorbereitet hatten. Diese Sitzungen wurden während der Konzilssessionen und auch in den Zeiten zwischen den Sessionen fortgesetzt. Jede Kommission hatte sich mit unzähligen Themen und Argumenten beschäftigt.

Karl Rahner war kein Konzilsvater, er war nur ein Theologe aus einem einzigen Sprachbereich, in einer Kommission zusammen mit 30 oder 40 anderen Theologen. Und er

durfte in der Theologischen Kommission, wie alle Theologen, nur dann sprechen, wenn ein Konzilsvater ihn dazu eingeladen hatte.
So ist es nicht verwunderlich, daß die Quellen des Zweiten Vatikanischen Konzils kaum von Karl Rahner sprechen.[83] Es sind andere Theologen, deren Unterlagen noch Geschichte machen werden. Manche leben noch, und niemand kommt auf den Gedanken, sie zu fragen, was sie für das Konzil geleistet haben, denn sie haben zu ihrer Arbeit geschwiegen. Rahner und Congar dagegen waren nach dem Konzil „en vogue", und man liest bist heute das Konzil mit ihrer Brille. Es ist, als wolle man den Petersdom allein aus dem Blick durch das berühmte Schlüsselloch auf dem Aventin beschreiben. Erst wenn man sich bewußt macht, daß dieser Blick ein ganz besonderer ist, erst dann kann man ihn genießen. Vorher verzerrt er nur die Wirklichkeit.[84]
Karl Rahners Konzilsbeteiligung hatte einige Hindernisse. Zunächst hatte Rahner, ähnlich wie die meisten seiner

---

83 Die Konzilsunterlagen von Karl Rahner werden im Archiv der Universität Innsbruck aufbewahrt. Hier finden sich nicht nur seine eigenen Unterlagen, sondern auch die ihm zugesandten Arbeiten anderer Theologen, sowie das damals in der Kommission ausgeteilte Material mit seinen Notizen. Rahner hat in der Theologischen Kommission mitgearbeitet und auch eigenständig Themen bearbeitet. Im Vergleich zu den beiden Sekretären, Sebastian Tromp und Gérard Philips und anderen Theologen, u.a. Heribert Schauf, Umberto Betti, Joseph Ratzinger, Paolo Molinari, scheint die Mitarbeit Rahners eher gering. Es sollte dabei auch nicht vergessen werden, daß Rahner viele Verpflichtungen außerhalb des Konzils hatte.

84 Es ist bezeichnend, daß das Tagebuch Congars den wesentlichen Interpretationsschlüssel der *Geschichte des Zweiten Vatikanischen Konzils* (1959–1965), dt. Ausgabe Hrsg. von G. Alberigo, K. Wittstadt, Mainz, Leuven 1997ff bildet. Auch die Arbeit Rahners am Konzil ist Anlaß verschiedener Arbeiten gewesen, auch ohne daß die Autoren dabei die Unterlagen des „Archivio del Concilio Vaticano II." im Vatikan gesehen hätten. Andere Quellen bleiben bis heute unberücksichtig, so das Tagebuch Heribert Schaufs oder das wertvolle Tagebuch Sebastian Tromps.

Theologenkollegen, Vorlesungen zu halten, Artikel zu schreiben, Vorträge und andere längerfristige Verpflichtungen einzuhalten. Er hatte also nicht unbegrenzt Zeit. Ein zweites, gewichtiges Hindernis waren Rahners Lateinkenntnisse. Einen lateinischen Text leicht lesen zu können ist eines, ein anderes ist es, in dieser Sprache diskutieren zu können. Das war für die Bischöfe in der Konzilsaula wichtig, aber nicht unumgänglich, denn hier mußten die Reden ja schriftlich eingereicht werden, und wer nicht ausreichend Latein konnte, wie Bischof Volk, ließ sich die Reden von Otto Semmelroth, seinem Theologen, übersetzen. Eine Diskussion mit mehr als 2000 Bischöfen war zudem nicht wirklich möglich. Daher muß man die Beiträge in der Konzilsaula eher als Statements sehen: man bezog eine Position, lieferte einen Beitrag, wünschte diese oder jene Verbesserung. Doch in der maßgebenden Theologischen Kommissionen war es vor allem wichtig, schnell in die Diskussion einzugreifen und mit Präzision wesentliche Punkte vortragen zu können. Doch Rahner hatte zur lateinischen Sprache – im Zuge der apostolischen Konstitution „Veterum Sapientia" von Johannes XXIII., die das Latein wieder verbindlich machte – im Jahr 1962 einen Artikel „Über das Latein als Kirchensprache"[85] geschrieben. Entgegen dem Papstschreiben war er der Auffassung, daß der „ursprüngliche Vollzug auch der Theologie heute gar nicht mehr anders als in den modernen Sprachen möglich ist".[86]

Rahner lehrte zwar in Innsbruck noch in lateinischer Sprache, aber an den staatlichen Universitäten wurden die

---

[85] Rahner, K., „Über das Latein als Kirchensprache", *Schriften zur Theologie V*, Einsiedeln, Zürich, Köln 1962, 449–450.

[86] ibid. 449 f.

Vorlesungen längst auf Deutsch gehalten. Rahner dachte in Deutsch und so kam es, daß er sich schwer tat, sich auf Latein an der Diskussion zu beteiligen. Wenn Rahner also in der Theologischen Kommission das Wort gegeben wurde, dann brachte er manchmal seine Idee nur so mühsam lateinisch vor, und oft auch noch so unglücklich, daß es für die wenigen, die ihm dann noch folgen konnten, ein leichtes war, ihn zu widerlegen[87].

Rahners Konzilsbeteiligung begann für ihn – zum Entsetzen seiner „Fans" – eher unglücklich. In Deutschland war er vielleicht schon auf dem Höhepunkt seiner Bekanntheit angekommen, als in Rom 1960, nach der ersten Vorbereitungsphase, Papst Johannes XXIII. die Kommissionen einberief, die die Dokumente erstellen sollten. Die Kommissionen durften sich jedoch nur mit pastoralen Fragen beschäftigen, mit Ausnahme der Theologischen Vorbereitungskommission, der allein die Erstellung von Lehrdokumenten zustand.[88] Einen der 60 Plätze – 30 für Mitglieder, 30 für Konsultoren – in dieser Kommission zu bekommen, war eine Prestigefrage. Zunächst hätte man meinen können, nach Rom eingeladen zu werden, sei eher eine Last als eine Ehre gewesen, doch die Korrespondenz, die in jenen Tagen an die Kommission, an den Papst, an Kardinal Ottaviani oder an Pater Tromp (Vorsitzender und Sekretär der Kommission) gingen, sprechen eine andere Sprache.[89]

---

87 Hierbei beziehe ich mich auf die Sitzungen, die ich selbst, in Aufnahmen, hören konnte. Aufgrund von Aussagen seiner Mitbrüder und Studenten scheint es Rahner überhaupt nicht leicht gefallen zu sein, kurze und klare Diskussionsbeiträge zu bringen. Den römischen Theologen fiel es dagegen sehr leicht, in der Sprache in der sie dozierten und bereits jahrelang diskutiert hatten, auch kurze Beiträge zu formulieren.

88 Siehe *Superno Dei nutu*, Acta et Documenta Concilio Oecumenico Vaticano II

89 Siehe ASV, Conc. Vat. II, 736, 60.

Zunächst einmal suchte eine kleine Gruppe von Konsultoren des Heiligen Offiziums Namen von Theologen aus den verschiedenen Sparten der Theologie. Es sollten Dogmatiker, Fundamentaltheologen, Moraltheologen, Bibeltheologen dabei sein. Wer in einem dieser Bereiche Fundiertes – und mehr als eine Doktorarbeit – veröffentlicht hatte, hatte bereits eine Chance, ausgewählt zu werden. Es ging nicht um Spekulation, nicht um die Anzahl oder Auflagenhöhe der Werke. Heribert Schauf, der Konzilstheologe aus Aachen, war keine große Theologenpersönlichkeit. Er war jedoch Experte für die römische Schule, die Schule, die die Lehrdokumente des Ersten Vatikanischen Konzils maßgebend beeinflußt hatte. Diese Lehre galt es nun – auf Wunsch der über 2 000 Antwortschreiben der Bischöfe, vor allem aber auf Wunsch Johannes XXIII., zu vervollständigen.[90] Schauf war bereit, sich monatelang mit den Akten des Ersten Vatikanums und den damaligen Theologen im Geheimarchiv des Vatikans und im Archiv der Gregoriana zu beschäftigen, um der Vorbereitungskommission des Zweiten Vatikanums wertvolles und fundiertes Material über die Lehre über die Bischöfe im Ersten Vatikanum zu liefern. Dafür brauchte es keine theologischen Spekulationskünste, sondern nur „einfache“ und geduldige Archivarbeit. Seine Seiten haben den Zweck erfüllt, aber er hat davon persönlich nichts an Ansehen gewonnen. Wäre Karl Rahner bereit gewesen, sich ein halbes Jahr in die Archive zu setzen, alles andere liegen zu lassen, nur um Hilfsmaterial zu erstellen, was andere dann nach Belieben benutzen würden?

90 Die Wünsche der Bischöfe kann man in den veröffentlichten Konzilsakten nachlesen.

Es ist schwer zu glauben, doch Rahners Name steht nur auf einer ersten, sehr allgemeinen Liste von Theologenkandidaten, zusammen mit anderen hunderten. Manche Ernennung war politisches Kalkül, so die des Umberto Betti, waren doch die Franziskaner zunächst in der Kommission nicht ausreichend vertreten gewesen. Doch Rahner war Jesuit, und dieser Orden war gut vertreten. Auch suchte man in einer realistischen Form, international zu sein. Wegen der damaligen Reisemöglichkeiten hätten die Arbeiten Jahrzehnte in Anspruch genommen, wenn jedesmal alle aus dem Ausland hätten anreisen müssen. So suchte man, einige Theologen aus Amerika zu berufen, vorwiegend kamen die Theologen jedoch aus Europa.

Diese Erwägungen führten dazu, daß Congar und de Lubac Konsultoren der Theologischen Vorbereitungskommission wurden, Rahner jedoch nicht. Die ersten beiden hatten erhebliche Schwierigkeiten mit dem Heiligen Offizium gehabt, Rahner hatte mit seinen Ordensoberen erst in dieser Zeit kleinere Probleme bekommen.[91] Sicher, wie jeder damals, der Neues vertrat, wurde Rahner kontrolliert, eine Verurteilung durch das Heilige Offizium traf ihn, im Gegensatz zu de Lubac und Congar, jedoch nicht.

In der Korrespondenz mit Kardinal König reagierte er überempfindlich mit verletztem Stolz auf die Maßregelung durch seine Ordensoberen und drohte, nicht nur alle theologische Arbeit niederzulegen, sondern wertete auch seine Nichtberufung in die Theologische Vorbereitungskommission als Folge seiner in Rom unverstandenen Theologie.

---

91 Siehe Briefwechsel mit Kardinal König in Karl Rahner Archiv, Innsbruck.

Hin und wieder kann man lesen, Congar und de Lubac hätten ihre Ernennung in die Kommission Johannes XXIII. zu verdanken. Dies stimmt nicht. Congar und de Lubac wurden von Franz Hürth SJ, Moraltheologe und Consultor des Heiligen Offiziums, vorgeschlagen. Damit sollte denen der „Mund geschlossen" werden, wie Hürth neben die beiden Namen schrieb, die die Kommission als einseitig ansehen würden.[92] Dennoch änderte der Papst den einen oder anderen Namen und war vor allem um eine ausgeglichene Vertretung der größten Orden besorgt. Zudem wollte er keine Doppelung. Wer bereits an einer anderen Kommission teilnahm, konnte nicht auch in der Theologischen Kommission arbeiten.

Schließlich wurden die Namen der Mitglieder und Konsultoren der verschiedenen Kommissionen im „Osservatore Romano" veröffentlicht. Rahner wurde in die Sakramentenkommission berufen. Zugleich begann der Tanz um die Ernennung von Rahner in die Theologische Kommission. Es ist Prälat Josef Höfer, Botschaftsrat an der Deutschen Botschaft beim Heiligen Stuhl, der sich der Sache annahm, wie er sofort Erzbischof Jäger nach Paderborn in einem reichen Briefwechsel berichtete. Dem Paderborner Erzbischof berichtete er auch von seinem Treffen mit P. Tromp SJ. Letzterem jedoch versichert er:

„Hochwürdigster, hochverehrter Herr P. Tromp!

Lassen Sie mich Ihnen am Ende dieser Woche für den freundlichen Empfang danken, den ich bei Ihnen am vergangenen Montag fand, und noch einmal mitteilen, daß mein Besuch bei Ihnen von niemandem veranlaßt und niemandem bekannt war als Herrn Professor Schauf und

[92] Archiv der Päpstlichen Universität Gregoriana, „Hürth".

den Patres Schneider und Witte. Gerade in diesen Tagen bemüht sich Herr P. Karl Rahner um die kirchliche Fundierung eines sehr wichtigen Artikels. Ich könnte Ihnen die Korrespondenz zur Verfügung stellen. Ich hoffe aber, daß Sie mir die Versicherung auch ohne schriftlichen Beleg glauben, daß Herr P. Karl Rahner ein Mann der Kirche ist. In vorzüglicher Hochachtung Ihr Ihnen in Christus ergebener Josef Höfer".[93] Tromp trägt die Sache seinem Vorgesetzten, Kardinal Ottaviani, vor. Dieser möchte die Frage zunächst mit den Kardinälen des Heiligen Offiziums besprechen und dann in der Theologischen Kommission. Die Antwort lautet schließlich „nein". Tromp schreibt in seinen Notizen: nachdem die Entscheidung Ottavianis gefallen sei, könne er nicht weiter insistieren.[94]

Höfer versucht es noch einmal am 7. November und dann am 6. Dezember, ohne zu wissen, wie sich die Dinge wirklich verhalten:

„Hochverehrter Herr Pater! Von Innsbruck erhielt ich die Nachricht, daß Herr Pater Karl Rahner erneut die Klinik aufsuchen mußte und nach Freiburg im Breisgau zur Universitätsklinik transportiert wurde, weil sein Nierenleiden Fortschritte machte und er außerdem völlig erschöpft ist. Wäre es nicht möglich, ihm baldigst mitzuteilen, daß er als Konsultor in die Theologische Kommission aufgenommen wurde? Er ist doch kein Irrlehrer, sondern ein treuer Sohn der Kirche, wenn er auch mit manchen seiner Theorien Verwunderung erregt hat. Er dient der Kirche mit ganzer Hingabe. Gern wird er sich bei der nächsten Gelegenheit, die ihm sein Gesundheitszustand möglich macht,

---

93 Siehe für alle Briefe von Höfer: ASV, Conc. Vat. II, 736, 60.

94 ibid.

Ihnen selbst und wiederum auch Eminenz Ottaviani und Exzellenz Parente vorstellen. Nach wie vor behandle ich diese Angelegenheit, so wie ich sie Ihnen vorgetragen habe. Sie sind der einzige, mit dem ich darüber spreche bzw. korrespondiere. Ich wünsche Ihnen einen gnadenreichen Advent für Sie selbst wie für Ihre Arbeit als Ihr in Christus ergebener Höfer".[95] Die Vorbereitungszeit verstreicht und auch de Lubac und Congar beteiligen sich nur wenig an den Arbeiten. Schließlich werden die vorbereiteten Schemata an die Zentralkommission gesandt, ein Gremium in dem Bischöfe und Kardinäle die letzten Entscheidungen über die Schemata fällen, bevor sie dem Konzil vorgelegt werden sollen. Auch Kardinal König sitzt in diesem Gremium. Er schickt die Unterlagen sofort an Karl Rahner weiter. Der kann – und dies ist menschlich sicher verständlich – nichts Gutes in den Arbeiten der Theologischen Kommission finden.

Diese Haltung überträgt er auch auf andere. Es hatte in den beiden Monaten vor Konzilsbeginn verschiedene Treffen westdeutscher Theologen gegeben. Über eines dieser Treffen, in denen die noch nicht korrigierten Schemata der Theologischen Kommission zur Grundlage genommen wurden, schreibt Rahner in einem Brief an König: "Diese Schemata waren auch Gegenstand einer dreitägigen Besprechung in Mainz beim Herrn Bischof von Mainz, Hermann Volk. Bei dieser Besprechung waren anwesend (wenn auch nicht immer alle gleichzeitig): Volk, Weihbischof Reusz, Hirschmann (Frankfurt), Stakemeier (Paderborn), Semmelroth, Grillmeier, Bacht (alle drei Frankfurt), Ratzinger (Bonn), Feiner (Chur), Rahner. Alle

[95] ibid.

von ihren respektiven Bischöfen beauftragt und teilweise schon vorher Mitglieder verschiedener Konzilskommissionen."[96]

Doch wie denkt und spricht Rahner über die Schemata der Theologischen Vorbereitungskommission? Semmelroth schreibt in seinem Tagebuch: "P. Rahner ist recht pessimistisch bezüglich dessen, was an Entscheidungen beim Konzil herauskommt. Gewiß, wenn man seine Gedanken hört, möchte man in diesen Pessimismus einstimmen." Doch Semmelroth ist nicht völlig einverstanden: "Andererseits glaube ich, daß es doch ein wenig zu einseitig pessimistisch gesehen ist. Ich sehe auch noch nicht, wie etwas einigermaßen Konkretes, also nicht nur allgemeine und unbedeutende Verlautbarungen herauskommen sollen, die andererseits nicht wieder nur Verurteilungen sind. Aber hoffen kann man doch. Es sind nicht nur natürliche Kräfte und Weisheiten am Werk."[97]

Kaum zum Konzilsbeginn in Rom eingetroffen, überzeugt Rahner Semmelroth, noch vor Konzilsbeginn, aber auch Josef Ratzinger und manchen Bischof, man müsse Alternativschemata erstellen.

Diese Arbeit wollte Rahner in wenigen Tagen leisten und damit die Arbeit einer Kommission ersetzen, die tausende von Stunden daran gearbeitet hatte. Allein für die Kirchenkonstitution hatte sich die Unterkommission mehr als einhundert Mal einen Nachmittag oder Vormittag lang getroffen und jedes Wort überlegt, jedes Thema besprochen, Gutachten eingeholt und historische Forschungen machen lassen. Die Schemata waren schwer

---

96 Siehe Briefwechsel mit König in Karl Rahner Archiv, Innsbruck.

97 Tagebuch Semmelroth, 13.10.62, 4.

und unverdaulich geworden, dagegen in einigen Nachmittagen Alternativen zu erstellen, war von Rahner doch gewagt.
Rahner arbeitet zunächst im „Untergrund", auch wenn Tromp in der Kommission alles zugetragen wird. Rahner schreibt Kardinal König kurz vor Konzilsbeginn: "Ich meine, meine Pflicht getan zu haben. Da ich in Rom bei Männern wie Ottaviani, Parente, Hürth, Tromp, Schauf usw. wie ein rotes Tuch wirke, wäre ich Ew. Eminenz sehr dankbar, wenn ich annehmen dürfte, daß dieser Brief nur als das freimütige Wort eines x-Beliebigen gelesen wird, dessen Name der Sache, die vertreten wird, nur schaden könnte und darum besser verschwiegen wird."[98]
Kardinal Ottaviani hatte entschieden, als Konsultoren der Theologischen Kommission während des Konzils alle offiziellen Konzilstheologen zuzulassen und keine eigenen zu ernennen. Es kam demnach auch jeder offizielle Konzilstheologe, der kommen wollte. Doch Rahner fühlte sich immer noch ausgeschlossen, er schreibt: "Trotz meiner Bedenken sagte Kardinal König: Kommen Sie nur mit. Ich ging dann zitternd hinein. Ich dachte mir, wenn das Ottaviani mitkriegt, schmeißt er mich raus. Aber das ist dann nicht passiert."[99] Wenngleich Heribert Schauf Rahner mehrfach versichert hatte, daß Tromp nichts gegen ihn habe und seine Ablehnung für die Vorbereitungskommission nicht von Tromp stamme, so glaubte ihm Rahner nicht. Tromp hat in tausenden von Tagebuchseiten kein einziges böses Wort über Rahner vermerkt. Ausschließlich

98 Siehe Briefwechsel mit Kardinal König in Karl Rahner Archiv, Innsbruck.
99 K. Rahner, Bekenntnisse, *Rückblick auf 80 Jahre*, Hrsg., G. Sporschild, Wien 1984, 27f.

Diskussionsbeiträge von Rahner finden sich im Tagebuch, stichwortartig und sachlich notiert.
Alle Bemühungen der deutschen Konzilstheologen, Alternativschemata zu erstellen, führten damals nicht zum gewünschten Erfolg. Das deutsche Alternativschema zum Kirchenschema, auf einer Sitzung der erweiterten deutschen Bischofskonferenz „verabschiedet" und von Rahner mitbearbeitet, findet nicht nur keine Mehrheit, sondern wird in der Theologischen Kommission nicht einmal von Erzbischof Schröffer und Kardinal König, dem großen Protektor Rahners, befürwortet. Es geht so unter wie die vielen anderen Alternativschemata.
Doch vielleicht brachten sie Rahner, Semmelroth und Ratzinger auf Umwegen dazu, konziliares Handeln als etwas zu verstehen, das nie ist, wie von einzelnen geplant. Dies galt für die Vorbereitungskommissionen genauso wie für die angereisten Theologen. Man mußte zusammenarbeiten. Und Rahner mußte mit der Zeit lernen, daß er nicht im Mittelpunkt des Konzilsgeschehens stand und daß seine persönlichen Ressentiments nicht interessierten. Er machte stets – sogar seinen eigenen Vorschlägen gegenüber (!) – „kritische Anmerkungen" und sollte somit der Stachel im Fleisch der deutschen Konzilstheologie bleiben. Im Mittelpunkt des Konzils jedoch stand kein einzelner, und wer für das Konzil arbeiten wollte, mußte sich selbst zurücknehmen und vieles „schlucken" können – aus Liebe zur Kirche. Manch einer aus der Kurie und manch „kleiner" Theologe hat das besser verstanden als ein großer Theologe wie Karl Rahner.

Karl Rahners SJ

Karl Rahner auf dem Konzil

Was Karl Rahner zum Konzil beigetragen hat, läßt sich nach der Lektüre von hunderten von Protokollen, von Tagebuchseiten und Dokumenten und auch nach Anhörung vieler Aufnahmen aus den Kommissionssitzungen nicht einfach sagen. Es ist nicht so, als könne man – auch wenn man das Archivmaterial in seiner ganzen Fülle sichten würde – nun Ausdruck um Ausdruck feststellen, wer welches Wort in die Konstitutionen und Dekrete eingebracht hat.

Das ist manchmal möglich. So kann mit Bestimmtheit gesagt werden, daß der Ausdruck „subsistit in" in der Kirchenkonstitution „Lumen Gentium" (LG) ein Vorschlag des Konzilstheologen Sebastian Tromp war. Er hat das Wort in der Frage nach dem Selbstverständnis der katholischen Kirche als Kirche Christi gewählt, es begründet, und die Theologische Kommission des Konzils hat den Ausdruck mit dieser Begründung angenommen. Aber allgemein auf die Frage zu antworten, welchen Ausdruck nun Tromp und welchen zum Beispiel der Konzilsberater Rahner eingefügt hat, hat nicht viel Sinn. Wenn auch der eine oder andere Ausdruck von Rahner vorgeschlagen wurde, heißt das nicht, daß andere Punkte nicht durch Rahners indirekten Einfluß entstanden sind.

Dennoch ist der Versuch gemacht worden, wenigstens einen „neuen" Ausdruck auf Karl Rahner zurückzuführen. Es geht dabei meist um den Teilsatz, der besagt, daß die Kirche „Sakrament" ist, oder, wie das Konzil sagt, „in Christus gleichsam das Sakrament, das heißt Zeichen und Werkzeug für die innigste Vereinigung mit Gott" (LG 1). Sowohl Walter Kasper in der Festschrift zu Rahners achtzigstem Geburtstag als auch Günther Wassilowsky in seiner Doktorarbeit halten es für möglich, daß dieser Ausdruck von Rahner ist. Aber ist das möglich?

Im zweiten Entwurf des Kirchenschemas, das der Belgier Gérard Philips erarbeitet hat, kommt plötzlich der Ausdruck „Sakrament" für die Kirche vor. Hat Rahner Philips diesen Vorschlag gemacht, oder eher Semmelroth, dessen Buch „Die Kirche als Ursakrament" 1953 veröffentlicht wurde, oder noch eher Edward Schillebeeckxs? Oder hat Philips, an seinem Schreibtisch sitzend, auf das Bücherregal geschaut und gerade dort ein Werk dieser Autoren gesehen und schließlich das Wort eingefügt? Man weiß es nicht und kann nur Vermutungen anstellen.

Aber vielleicht ist es auch gar nicht wichtig zu wissen, wer nun zuerst den Ausdruck „Sakrament" für die Kirche im Konzil verwenden wollte. Viel interessanter ist es zu sehen, daß in der Sitzung der Theologischen Kommission verschiedene Theologen gegen diesen Ausdruck waren. Rahner verteidigte ihn, was aber noch nicht bedeutet, daß er ihn auch mit voller Kraft befürwortete. Das Wort „Sakrament" wurde in der Sitzung schließlich relativiert. Aber dies ist nicht durch Rahners Intervention geschehen, sondern durch Erzbischof Pietro Parente, und der relativierende Begriff „veluti" – zu Deutsch „gleichsam" – ist von Tromp.

In jedem Fall: Rahner war bei den Sitzungen der Theologischen Kommission dabei, und dies ist von Bedeutung. Er konnte – wenn ein Bischof ihn vorschlug – Stellung nehmen. Sein Beitrag war wenigstens hin und wieder gefragt. Und so konnte er sagen, was ihm gefiel oder nicht gefiel. Er hat auch durch sein Schweigen mitgearbeitet. Er hat durch kleine Korrekturen mitgearbeitet. Er hat durch

Voten und Gutachten seinen Beitrag geleistet. Er war nicht der „Holy Ghost Writer" des Konzils. Er hat auch nicht die Endredaktion der Texte wahrgenommen. Aber er hat zusammen mit Otto Semmelroth und Joseph Ratzinger zum Beispiel Übersetzungen der Dokumente angefertigt und somit für eine schnelle und gute Verbreitung der Konzilsschemata gesorgt.

Man hat, gerade im Zusammenhang mit der Arbeit Rahners im Konzil, den Ausdruck „kollektive Wahrheitsfindung" geprägt. Doch es sieht nicht so aus, daß man mit einem solchem Ausdruck dem Konzil oder auch nur dem Beitrag Rahners darin gerecht wird. Bei historischen Ereignissen läuft man Gefahr, bei der Bewertung in einen Anachronismus zu verfallen. Es scheint, als müßte der Glaube vor der Wissenschaft weichen, und so werden kirchliche Ereignisse rein „wissenschaftlich" gelesen, ohne alle Faktoren zu bedenken. Muß man sich nicht bemühen, die Umstände zu verstehen und ein wenig in die Rolle jener Theologen zu schlüpfen, die damals auf dem Konzil arbeiteten? Und das hieße, jene Haltung im Glauben mit zu bedenken, die die maßgebenden Bischöfe und Theologen damals prägten. Ohne den Faktor „Glauben" läßt sich das Konzil nicht verstehen – und auch nicht die Rolle eines Einzelnen, mag er Tromp, Philips, Semmelroth oder Rahner heißen.

Der Dogmatiker Michael Seybold schrieb über Tromp den schönen Satz: „An der bis zur Selbstverleugnung reichenden Haltung, die Tromp an den Tag legte, (…) wird etwas ansichtig von der inwendigen Methodik des Konzils, in welcher der Inhalt der Wahrheit und die Gestalt ihrer Auffindung gleichförmig werden: Die Kirche wird im Opfer geboren, sie entsteht und wächst vom Kreuze her, aus

dem (eucharistischen) Opferleib Christi. Ihre Wahrheit entbirgt sich dem, der sich in ihn einformen läßt."
Nicht „kollektive Wahrheitsfindung", nicht die Kollektivität, sondern die ganz persönliche Aufopferung der eigenen Ideen und Wünsche, der eigenen Genialität und des eigenen Wissens zugunsten der Kirche, in der man Christus gegenwärtig wußte, das ließ die Konzilstexte entstehen. Nicht weil Einzelne sich in den Vordergrund drängten und auf ihrer Theologie bestanden, kam es zu diesen Konzilsdokumenten. Es ging ein ganzes Stück auch um Selbstverleugnung, um das „Sich zurücknehmen". Es ging darum, zu arbeiten ohne Lohn und ohne Ruhm – und allzuoft scheinbar umsonst. Rahner ließ sich – wenn auch mit durchaus verständlicher Mühe – in jenen von Seybold zitierten Opferleib, dem er bereits als Christ, Priester und Ordensmann angehörte, nun auch als Theologe einformen. Er mußte lernen, sich zurückzunehmen, nicht immer aktiv gestalten zu können. Es ist ein Zusammenwachsen im Dienst an der Kirche, was bei einem Konzil geschieht.
Wenn man Rahners Arbeit beim Zweiten Vatikanum näher betrachtet, wird man mehr erkennen als einzelne Ausdrücke. Und dann wird auch leichter verständlich, warum es manchmal scheint, als sei der „nachkonziliare" Rahner ein anderer.
Man denke etwa an die bereits angesprochene Frage nach dem Selbstverständnis der katholischen Kirche. Rahner scheint in seinen späteren Jahren eine Kircheneinigung – auch mit den protestantischen Gemeinschaften – so verstanden zu haben, daß man – den Primat (begrenzt) anerkennend – die verschiedenen Konfessionen vereinen könne. Mühe haben kann man auch mit dem Satz „(...)

die eine Kirche Gottes und seines Christus und die vielen Kirchen der Menschen", der für ihn gleichwertig ist mit dem Satz „(...) die eine Kirche und die vielen Kirchen". Andererseits sagt er dann bei der Frage nach der Interkommunion: „Wenn Rom somit hinsichtlich der Abendmahlsgemeinschaft ‚bremst', so kann das jeder verstehen, der die noch bestehenden Lehrdifferenzen nicht von vornherein bagatellisiert. Das Abendmahl ist eben auch Ausdruck der bestehenden Glaubenseinheit und nicht nur deren Ursache!" Es scheint fast, als habe Karl Rahner beim Zweiten Vatikanischen Konzil auf viele geniale Einfälle verzichtet und nüchtern an der Formulierung kirchlicher Lehre mitgearbeitet.

Wer seine Aufsätze liest und auch jenen Pressebericht, den Rahner zum Kirchenschema im Oktober 1963 vortrug, der staunt über die Klarheit, mit der er schwierige Sachverhalte darstellen konnte. Da liest man etwa über das Konzil die klaren Worte: „Worum handelt es sich nun bei diesem Schema? Man könnte antworten, um das Selbstverständnis der katholischen Kirche als der Kirche Christi, so wie dieses Selbstverständnis auf der Grundlage der Lehre des Ersten Vatikanums sich bis heute entwickelt hat." Und wenig später fährt er fort: „In diesem Zusammenhang wird dann auch die ökumenisch schwierige Frage nach dem Verhältnis der nichtkatholischen Christen und sogar der Nicht-Christen zur katholischen Kirche, zur Kirche einfachhin behandelt unter einer Herausarbeitung des positiven Verhältnisses der Nicht-Katholiken zur Kirche, ohne dadurch das Selbstverständnis der katholischen Kirche, die eine Kirche Christi zu sein, zu verdunkeln."

Genau um diese Frage nach dem Verhältnis des einzelnen Nicht-Katholiken zur katholischen Kirche ging es an

Rahners sechzigstem Geburtstag am 5. März 1964 in der Theologischen Kommission. Es wurden die Nummern 12 bis 17 des zweiten Kapitels „Das Volk Gottes" der Kirchenkonstitution besprochen. Es handelte sich um die schwierige Frage nach der Mitgliedschaft in der Kirche.

Wenn man die Beiträge an einem solchen Sitzungstag zählt, dann erkennt man schnell, wie die Diskussion verlief. Etwa siebzig Prozent der Interventionen kamen von Philips, der als Relator die Abschnitte der inzwischen fertigen Konstitution über die Kirche vorlas und von Tromp, der stets neue Formulierungen bieten konnte. Dann erst folgten die Kardinäle und Bischöfe, die als Mitglieder in der Kommission frei sprechen konnten. Von den dreißig Mitgliedern meldeten sich längst nicht alle zu Wort. Manche baten nämlich nur darum, daß einer der „Periti" , die theologischen Berater, einen Punkt erklären sollte. Und so kommt es, daß man auf den acht Seiten des Trompschen Tagebuchs, die jenen 5. März betreffen, den Namen Rahner nicht allzu oft findet.

Um 9.30 Uhr begann die Sitzung. Philips regte zur Eile an: Nachdem elf Nummern behandelt worden seien, blieben noch 43. Wenn also die Tagung in zwei Wochen zu Ende gehen solle, müßten vormittags und nachmittags jeweils drei Nummern durchgearbeitet werden. Daher ruft er auf, nicht zum alten Text zurückzukommen, nicht von Geringfügigkeiten zu sprechen und sich in der Diskussion kurz zu fassen.

Um 9.42 Uhr beginnt dann die wirkliche Diskussion zur Nummer 12, erster Absatz. Es melden sich der Erzbischof Parente, Philips, Bischof Spanedda, wieder Philips, der Bischof Florit zu Wort. Nach zwanzig Minuten kommt man zum zweiten Absatz. Kardinal Silva Henriquez wünscht einen anderen Abschluß, während die Bischöfe Florit und Charue dies nicht für notwendig halten. Erst nach einer halben Stunde Diskussion über die Zitate der heiligen Schrift und die Gnadengaben bei Paulus finden wir Philips und Rahner einer Meinung: Beide halten sie es für besser, den Text nicht noch einmal zu verändern. Er solle so bleiben, wie er ist.

Man beginnt nun mit der Nummer 13, zu der sich Rahner nicht zu Wort meldet. Nachdem es um elf Uhr fünf Minuten Pause gab, folgt die Diskussion über die Nummer 14 der Kirchenkonstitution, die den kirchlichen Stand der katholischen Gläubigen behandelt. Hier beginnen die wirklich problematischen Punkte. Bei dieser Nummer geht es im ersten Abschnitt um die Frage nach der Heilsnotwendigkeit der Kirche. Bischof Poma hat Schwierigkeiten mit dem Ausdruck „agnoscere", bis schließlich die Variante „non ignorantes" gefunden wird, die im deutschen Text mit „wissen" wiedergegeben wird.

Bei der Behandlung des zweiten Absatzes, der die Bedingungen der vollen Kirchenmitgliedschaft nennen soll, stößt man zum zweiten Mal auf Rahners Namen. Er ist mit Tromp einer Meinung: Statt „jene werden der Gemeinschaft der Kirche voll eingegliedert", wünschen die beiden Jesuiten: „Jene werden der Kirche als sichtbarer Gemeinschaft eingegliedert."

Auch Congar spricht zu diesem Thema, und auch er ist der Meinung Tromps und Rahners. Hier gehe es ja schließlich um die Katholiken selbst, die nicht in verschiedenen Stufen Mitglieder der Kirche sind. Der Unterschied ist auffallend: Eines ist die „Gemeinschaft der Kirche" – ein anderes die „Kirche als sichtbare Gemeinschaft". Der zweite Ausdruck spricht von der sichtbaren Kirche, zu der ein Katholik gehört, der „durch die Bande des Glaubensbekenntnisses, der Sakramente und der kirchlichen Leitung und Gemeinschaft" mit Christus verbunden ist, während die erste Formulierung auch weiter gefaßt werden kann. Der Wunsch der drei Theologen hätte diese Aussage noch deutlicher gemacht. Aber sie kommen nicht durch.

Am Nachmittag geht es um die Frage, ob alle, die sich Protestanten nennen, auch wirklich getauft sind. Es gibt viele Meldungen zu dieser Frage. Rahner meint ja, Tromp nein, und so geht es hin und her, bis schließlich abgestimmt wird. Auch ohne die beiden zu dieser Frage zur Debatte stehenden Texte zu sehen, können wir erkennen, daß die Entscheidung für die ausdrückliche Nennung der Taufe gefallen ist, da die Nummer 15 mit den Worten beginnt: „Mit jenen, die durch die Taufe der Ehre des Christennamens teilhaft sind, den vollen Glauben aber nicht bekennen (...)". Die Diskussion geht weiter. Tromps Tagebuch verdanken wir, daß ein wichtiger Satz festgehalten wurde, der ein klares Licht auf die viel diskutierte Frage wirft, ob die aus der Reformation hervorgegangenen Gemeinschaften Kirchen sind. Wir lesen: „Mgr. Philips fragt, ob in Zeile 8 zu dem Ausdruck ‚Gemeinschaften' der Ausdruck ‚Kirchen' hinzugefügt werden kann, wegen der Orientalen. Es wird angenommen." Der Ausdruck „Kirchen" wurde demnach in den Lehrdokumenten des Konzils nicht für die protestantischen Gemeinschaften gebraucht.

Rahner wird nicht ausdrücklich genannt, bis er Anlaß zur Heiterkeit gibt, weil er im Eifer des Gefechts vorschlägt, einen Ausdruck mit einem Synonym auszutauschen.

Große Schwierigkeiten entstehen bei der Frage nach der Verbindung mit Christus durch die Taufe. Hier will Kardinal Browne nicht, daß von „Einverleibung" gesprochen wird, was – wie Tromp erläutert – auch nur eine Einverleibung in den mystischen Leib Christi sein könne, das heißt in die Kirche. In der Pause treffen sich Tromp, Rahner, Thils, Philips, Gagnebet und Kardinal Browne. Rahner wird hier zu einer – mit Ausnahme von Thils – eher konservativen Gruppe hinzugezogen. Vermutlich wurden die zehn Minuten Pause genutzt, um den heute im Text stehenden und nach der Pause angenommenen Begriff „verbunden werden" zu erdenken.

In der letzten Stunde jenes Tages werden noch die Nummern 16 und 17 durchgesprochen. Rahner meldet sich noch zweimal zu Wort, aber Änderungen des Textes werden nicht mehr durchgesetzt.

Rahners Beitrag zum Konzil ist wohl weniger im Detail einzelner Wortmeldungen zu erkennen als in der Gesamthaltung, mit der er beim Konzil – auch an seinem Geburtstag – mitarbeitete. Daß der Geburtstag nicht völlig in Vergessenheit geriet, erfahren wir durch seinen Mitbruder Otto Semmelroth. Dieser schreibt: „Es war sehr schön zu sehen, wie viele P. Rahner herzlich zu seinem sechzigsten Geburtstag gratulierten. Auch Kardinal Browne, der Vizepräsident der Theologischen Kommission. Ich glaube, wenn Kardinal Ottaviani es gewußt hätte, hätte er auch gratuliert." Und wenig später erzählt er uns, daß auch Konzilstheologen Geburtstag zu feiern verstanden. Das Konzil war nicht nur aufopfernde theologische Arbeit, sondern hatte auch den schönen Aspekt des gegenseitigen Kennenlernens und Austauschens. Es war auch ein menschliches Ereignis, das Freude bringen konnte: „Abends hatte Bischof Volk P. Rahner, P. Grillmeier und mich zum Abendessen eingeladen aus Anlaß des Geburtstags von Rahner. Es war ein sehr schöner Abend. Wir aßen

– zum ersten Mal für uns alle – Krebse. Nachdem wir dem Kellner eingewandt hatten, wir wüßten nicht, wie man die ißt, und er betont hatte, das würde er schon vorbereiten, haben wir sie genommen."

Joseph Frings

Wenn Sie heute noch in den Himmel gerufen würden, was würden Sie dann der Nachwelt hinterlassen? Wahrscheinlich bliebe zum Schluß noch immer ein ganzer Stapel „Papierkram". Hunderte von Kontoauszügen, Rechnungen, Briefen, vielleicht aber auch ein Tagebuch, Artikel, eigene Notizen. Und daraus kann man ohne viel Mühe sehr viel über Menschen erfahren, über ihre Finanzen, ihre Gewohnheiten, ihre Prioritäten, über Schweres und Schönes, was in ihrem Leben passiert ist, aber auch viel über ihren Charakter, ihre Wünsche und Pläne und nicht zuletzt über ihren Glauben. Je nachdem wen man befragen würde, gäben diese „Schriftstücke" wahrscheinlich ein objektiveres und vielleicht auch intimeres Bild.

All diese Dinge wird kaum jemand von einer Privatperson aufbewahren. Man sammelt sie dagegen bei Personen, die von öffentlichem Interesse sind. Und natürlich werden die Schriftstücke eines Amtes oder einer Behörde aufgehoben. Diese bilden – vielleicht ist dies ein wenig vereinfacht ausgedrückt – ein Archiv.

Kardinal Frings war Erzbischof von Köln und damit nicht nur eine Person öffentlichen Interesses, sondern auch eines „Amtes", dessen Unterlagen eine solche wohlgeordnete Sammlung ergeben. Diese liegen nun im Diözesanarchiv von Köln für die Nachwelt bestimmt. Wer in hundert oder vielleicht sogar tausend Jahren (wenn die schlechte Qualität unseres heutigen Papiers dies zulassen wird) etwas über jenen von 1942 bis 1969 amtierenden Erzbischof wissen möchte, der wird sich an das Archiv wenden können.

Doch bevor der Forscher nun in ein historisches Archiv geht, muß er mit zweierlei ausgerüstet sein: mit einem großen Sack himmlischer Geduld und mit einem ebenso großen Sack geistiger Demut. Die Geduld ist leicht zu verstehen: Manchmal muß man Jahre suchen, um auch nur einen einzigen kleinen Hinweis zu finden, der einem weiterhilft. Manchmal aber findet man nach vielen Monaten nichts, überhaupt nichts. Aber wichtiger vielleicht ist noch die Demut, die Bereitschaft, eigene Meinungen und eigene Vorkenntnisse nicht absolut zu setzen, sondern nur als ein einfaches Handwerkszeug zu sehen, das hilfreich sein kann, aber nicht sein muß.

So ist von Kardinal Frings sehr viel bekannt. Er hat selbst Erinnerungen diktiert, die veröffentlicht wurden und einiges vom Konzil erzählen. Viele seiner Mitarbeiter und Freunde leben noch, und es ist schon sehr viel über ihn publiziert worden.

Wer diese Unterlagen kennt, der wird von Kardinal Frings und seiner Zeit auf dem Zweiten Vatikanischen Konzil einiges wissen: Der Kölner Kardinal ist während des Konzils einer der Vorsitzenden der Konzilsversammlung gewesen. Er soll einen guten Draht zum Papst gehabt haben, und sein Wort soll in der Aula und bei den anderen Kardinälen viel gegolten haben. Auch habe er zu jenen „fortschrittlichen» Kardinälen gehört, die sich von der Kurie nicht alles hätten sagen lassen, und endlich hätte er jenen frischen Wind in die Kirche wehen lassen wollen, den Papst Johannes XXIII. gewünscht hätte.

Soweit die „Vorkenntnisse", die man sich da und dort zusammenlesen und -hören kann. Diese Beschreibungen beruhen natürlich hauptsächlich auf einzelnen Episoden: Den Ruf „fortschrittlich" zu sein, verdankt Frings wohl jener Episode, die er selbst in seinen Erinnerungen so beschreibt: „Am übernächsten Tag fand die erste Gene-

ralkongregation statt. (...) Zu unserer großen Überraschung trat Erzbischof Perikles Felici auf und erklärte, am heutigen Tage sollten die Kommissionsmitglieder gewählt werden; wir sollten dazu die Formulare benutzen, die im Raum verteilt worden waren und auf denen die Mitglieder der vorbereitenden Kommissionen angegeben waren. Als ich das hörte, erfüllte mich ein heiliger Zorn. Ich reckte meinen Finger, obwohl es nach der Geschäftsordnung gar nicht möglich war, sich zu Wort zu melden, wenn man nicht vorher seine Rede schriftlich eingereicht hatte. Dasselbe tat zur gleichen Zeit Kardinal Liénart."[100] Die beiden Kardinäle schlugen vor, die Wahl aufzuschieben, und hatten damit auch Erfolg. Das Konzil, so sagte man, habe damit gezeigt, daß es nicht über sich bestimmen lasse, sondern selbst sein Schicksal in die Hand nehmen würde. Der Kurie sei damit ein erster „Schlag" versetzt worden.
Ein Jahr später griff Frings dann, und dies ist die zweite Episode, die ihn in den Augen mancher zum „Progressiven" macht, das Vorgehen des damaligen Heiligen Offiziums an. Genau genommen ging es bei der Rede, die Frings vor der Konzilsaula hielt, gar nicht um einen solch gewagten Angriff. Es ging um das spätere Dekret über die Bischöfe, damals mit dem Titel „De Episcopis ac de dioecesium regimine". Das erste Kapitel, das an jenem 8. November 1963 zur Debatte stand, behandelte die Beziehungen zwischen den Bischöfen und den Kongregationen der Römischen Kurie. Frings hatte dazu drei Punkte auszuführen. Beim zweiten sagte er, daß die

100 J. Frings, *Für die Menschen bestellt. Erinnerungen des Alterzbischofs von Köln*, Köln 19746, 253.

genannten Regeln auf alle Kongregationen ausgedehnt werden sollten, „auch auf die höchste Kongregation des Hl. Offiziums, deren Art vorzugehen, ein Skandal ist". In der Aula gab es Applaus. Der Kardinal sprach weiter: „Ich weiß, wie ernst, schwer und heikel das Amt derer ist, die für viele Jahre im Hl. Offizium arbeiten, um die geoffenbarte Wahrheit zu schützen, aber mir scheint, es muß gefordert werden, daß auch in diesem Dikasterium niemand über den richtigen oder nicht richtigen Glauben angeklagt oder verurteilt werden darf, wenn er nicht vorher selbst angehört wurde, wenn er nicht vorher die Gründe kannte, die gegen ihn sprechen, oder wenn ihm nicht vorher Gelegenheit gegeben wurde sich selbst oder das Buch zu korrigieren."

Kardinal Ottaviani, der höchste Kardinal des Hl. Offiziums, Präfekt war ja damals noch der Papst, war auf der Rednerliste kurz nach Frings eingetragen. Er antwortet hart, indem er ausführte, daß jene Worte aus Unwissenheit über das Vorgehen des Hl. Offiziums gesagt worden seien. Auch er erhielt Applaus von der Aula. Waren das die beiden Extreme in der Aula? War hier endlich deutlich geworden, wie die Mehrheiten verteilt waren, wer zu Ottaviani hielt und wer zu Frings? Diese beiden Parteiungen müßten dann auch in den Akten wiederzufinden sein. Doch so sehr man auch mit dieser Brille suchen will, so sehr man sie auch in die Konzilsgeschichte hineindichten will, um sie spannender zu machen, es gab auf dem Konzil diese beiden Parteien nicht. Und daher konnte auch nicht die „Ottavianipartei" von der „Fringspartei" am Schluß besiegt werden. Was es aber tatsächlich gab, waren zwei über siebzig Jahre alte Kardinäle, die beide das Augenlicht fast völlig verloren hatten und auf ihre

Umgebung angewiesen waren. Ottaviani wurde alles vorgelesen und seine Unterschrift unter den Dokumenten zeigt, wie wenig er sah. Der Sekretär von Kardinal Frings, der heute emeritierte Bischof von Essen Hubert Luthe, erhielt eine Sondergenehmigung, um seinen Kardinal bis an den Platz begleiten zu dürfen. Dies ist aktenkundig, und davon zeugen die Unterlagen in den Archiven. Ottaviani und Frings also waren keine Anführer von geheimen Bünden, sondern Zeugen jener uneigennützigen Sorge um die katholische Kirche, wie sie heute weitestgehend ausgestorben zu sein scheint. Natürlich hatten sie andere Prioritäten, jeder hatte seine eigene Weise und seinen eigenen Blickwinkel, der vor allem durch die Aufgabe bedingt war, die sie in der Kirche erfüllten. Ottaviani sollte den Glauben der Gesamtkirche vor den Irrlehren behüten, Frings war der Erzbischof einer großen Diözese. Doch der Abstand war nicht so gewaltig. In seinen Erinnerungen beschreibt Frings die Folgen der oben erwähnten Rede gegen die Vorgehensweisen des Hl. Offiziums: „Ich habe noch am selben Tage versucht, ihn [Ottaviani] zu sprechen und ihm zu sagen, daß es mir doch völlig ferngelegen habe, ihn oder gar den Heiligen Vater anzugreifen. Am folgenden Tage kam er mir an derselben Stelle, am Eingang der Sakristei, entgegen, umarmte mich und sagte: Wir wollen ja beide nur dasselbe!" In den Unterlagen im Geheimarchiv des Vatikans ist Frings „unauffällig". Hier und da findet man Hinweise auf ihn, natürlich die eingereichten Reden, und hier und da wird er zitiert, gerade wenn jemand seiner Position Gewicht verleihen will. Im Geheimarchiv des Vatikans wird Kardinal Frings nicht häufiger zitiert, und es gibt von ihm nicht mehr Unterlagen, als von jedem anderen Kardinal. Eher weniger.

Im Tagebuch Yves Congars wird er immer wieder genannt, aber niemals beschrieben. Im Tagebuch von Sebastian Tromp kommt er auch nur selten vor. Heribert Schauf und Otto Semmelroth nennen ihn in ihren Tagebüchern wiederholt. Doch vergeblich sucht man in den Konzilstagebüchern Charakterisierungen positiver oder negativer Art. Congar, Schauf, Tromp und Semmelroth erzählen eher, daß der Kardinal sich, wenn man ihm Bedeutsames zuträgt „wundert" oder, daß er „erstaunt" ist. Das kann die Haltung eines seiner Mitbrüder sein oder eine Frage der Lehre. Niemand berichtet, der Kardinal habe dann gleich reagiert, oder Entscheidungen überstürzt getroffen.

Kardinal Frings verhielt sich im Konzil vielleicht ein wenig wie es jeder in einer Leitungsfunktion tun muß. Das kluge Abwägen und das Hören auf die Mitarbeiter, auf die er angewiesen war. Dazu gehörten zunächst ein guter Blick auf sich selbst und die eigenen Möglichkeiten. Und eine realistische Einschätzung der Lage. Dies hatte Frings wohl. Hinzu kommt, was Kardinal Meisner in einer Predigt anläßlich des 25. Todestages von Frings sagte: „Kardinal Frings hatte ein überaus sensibles Gewissen, das ihm half, seine Entscheidungen an die Wahrheit Gottes zu binden, die er natürlich tiefgründig kannte, um die er wußte, und darum waren seine Entscheidungen so fruchtbar und gesegnet für die Menschen. Man sagte sogar, daß Kardinal Frings ein überängstliches Gewissen hatte. Das hat ihm für seinen bischöflichen Dienst zugunsten der Menschen nicht geschadet, sondern geradezu genutzt, obwohl es für ihn selbst sicher nicht immer leicht war." Man könnte vielleicht hinzufügen, daß diese Sensibilität Frings half, die richtigen Mitarbeiter auszuwählen, gerade auch im Hinblick auf das Konzil. Auf diese Menschen war er mehr als andere durch die Sehbehinderung angewiesen, er mußte „blindes Vertrauen» haben. Der Erzbischof von Palermo Ernesto Ruffini konnte tagelang Studien in Bibliotheken betreiben, bevor er eine Konzilsrede hielt. Die Akten belegen, daß Frings auf das angewiesen war, was ihm sein Konzilstheologe, der damalige Professor für Fundamentaltheologie in Bonn und Münster und heutige Kardinal Joseph Ratzinger an Texten vorbereitete. Frings nahm sich heraus, das eine oder andere zu verändern, doch ergibt ein oberflächlicher Vergleich der Texte, daß Kardinal Frings seinem Mitarbeiter wohl vertraute.

Das Studium der Konzilsakten bringt noch viele kleine Details zum Vorschein, die Frings ein wenig näher beschreiben könnten. Aber sie geben kein wirkliches Gesamtbild, denn eigene Schriftstücke konnte der blinde Kardinal nicht mehr erstellen. Die Ordnung des Archivs konnte nicht mehr die seine sein. Es gibt keine eigenen Konzilsnotizen und kein Konzilstagebuch.

Dennoch kann man fragen, was denn das Eigentliche ist, das Frings zum Konzil beigetragen hat. Vielleicht könnte die Antwort lauten: Er hat gezeigt, daß Kirche nur im „Miteinander", nicht im „Gegeneinander" funktionieren kann, und daß alle, auch ein Kardinal, auf Hilfe angewiesen sind. Vielleicht kann man noch mehr sagen: daß in einer Konzilsversammlung, wie vielleicht in der Kirche und in der Zeit überhaupt, jeder nur den Platz einnehmen kann, auf den er von Einem anderen geführt wird.

Doch es wäre schön, Frings noch mehr zuschreiben zu können. Aus dem Tagebuch von Sebastian Tromp geht mit Datum vom 25. Mai 1961 ein Treffen der Sekretäre der Konzilskommissionen beim Generalsekretär Pericle Felici hervor. Als dritten Punkt protokolliert Tromp: „Die Kardinäle

Frings und Döpfner waren beim Papst. Auch im Namen des Episkopats ersuchten sie einen pastoralen Charakter für die Konzilsdokumente, oder ob sogar alle Dekrete als eine einzige Pastoralkonstitution erstellt werden könnten. Ähnlich fragten auch die französischen Bischöfe."

Man spricht bis heute vom Zweiten Vatikanischen Konzil als „Pastoralkonzil". Von Papst Johannes XXIII. ist diese Idee nicht. Er wollte ein ganz anderes Konzil, wie er immer wieder in den ersten Reden nach der Ankündigung des Konzils 1959 sagt und wie er bei den vielen Treffen mit Pilgern, Würdenträgern und bei offiziellen Anlässen wiederholt. Der pastorale Charakter des Konzils wird erst kurz vor dem Konzil vom Papst genannt und dadurch „aktuell": Aber woher hatte der Papst diese Idee?

Vielleicht war es wirklich der ganz spezifische Beitrag jenes Kardinals Joseph Frings, der als Wappenspruch „Für die Menschen bestellt» trug, ein Pastoralkonzil vorzuschlagen. Damit wollte er gewiß nicht – wie Tromp mit Fragezeichen neben den Satz schreibt – den pastoralen Charakter gegen den lehramtlich/dogmatischen stellen. Aber als guter Bischof einer Diözese lag ihm vor allem an der Pastoral und weniger an trockenen theologischen Diskussionen. Für die gab es Theologen.

Ihm also das „Pastorale" des Konzils zuzuschreiben, wäre wohl die schönste „weltkirchliche Krönung" für seinen Einsatz für die Kirche von Köln. Was er der Nachwelt hinterlassen hat, findet man – und das ist für einen Amtsträger nach so vielen Jahren sehr selten – weniger in den vor allem für die Konzilsjahre spärlichen Archivquellen. Vielmehr ist er „erhalten" im Gedächtnis der vielen Katholiken der Diözese von Köln, die heute noch gern von ihm erzählen, weil er für sie wohl wirklich „vom Himmel bestellt" war.

Zum allgemeinen Verständnis des Zweiten Vatikanums

Die Kenntnis einiger Begriffe wie Tatsachen, die das Konzil betreffen, wird in diesem Buch vorausgesetzt. Um Nichttheologen die Lektüre zu erleichtern, hier einige erklärende Hinweise.

Papst Johannes XXIII. kündigte ein Konzil am 25.1.1959 an. Er berief noch in demselben Jahr eine Vor-Vorbereitungskommission (Commissio Antepreparatoria) ein, die die Wünsche der Bischöfe an das Konzil erfragen sollte. Die Antworten sind nachzulesen in „Acta et Documenta Concilio Vaticano II apparando".

Am 5.6.1960 eröffnete Johannes XXIII. die „direkte" Vorbereitungszeit (Praeparatio) und bestimmte dazu zehn Kommissionen, unter der Leitung von ebenso vielen Kardinälen und Kommissionssekretären. Außerdem ordnete er die Bildung von zwei Sekretariaten an, eines, das sich um die Beziehungen zu den anderen Christen, ein anderes, das sich um die Presse kümmern sollte.

Auf Vorschlag der Kommissionen wurden vom Papst ca. 30 Mitglieder – hauptsächlich Bischöfe – und 30 Konsultoren für jede Kommission ernannt. Während die Mitglieder in den von Zeit zu Zeit stattfindenden Sitzungen Stimmrecht hatten, hatten Konsultoren nur beratende Funktion. Diese beratende Funktion konnte jedoch so weit gehen, daß Konsultoren tatsächlich ganze Abschnitte von Schemata schrieben und dadurch die Kommission stark beeinflußten.

Ein Schema ist ein Dokument, das dem Konzil vorgeschlagen (zur Beratung vorgelegt) wurde. Insgesamt erstellten die Kommissionen 70 solcher Schemata zu den verschiedensten Themen.

Nur die Theologische Vorbereitungskommission hatte die Möglichkeit, Fragen zu behandeln, die die Lehre der Kirche betreffen, den anderen Kommissionen oblag es, Schemata zur Disziplin zu erstellen. Eine Lehrfrage ist beispielsweise die Frage, ob die Bischofsweihe ein Sakrament ist, eine Disziplinfrage ist, in welcher Sprache die Heilige Messe gefeiert wird.

Papst Johannes XXIII. ernannte auch eine Zentralkommission, in der 60 Bischöfe und Kardinäle sozusagen ihr letztes Urteil über die in den Kommissionen angefertigten Dokumente (Schemata) abgeben sollten. Der Papst selbst war Vorsitzender der Zentralkommission.

Am 11. Oktober 1962 eröffnete Papst Johannes das Konzil. Eine kirchenrechtliche Anweisung legte fest, wer zum Konzil berufen wurde: es waren zunächst alle Ortsbischöfe, dann die Weihbischöfe, schließlich die Generaloberen großer Ordensgemeinschaften (z. B. Jesuiten, Dominikaner, Benediktiner) sowie die Patriarchen und die Kardinäle. Diese stimmberechtigten Konzilsmitglieder waren die Konzilsväter.

Unter den Kardinälen hatte der Papst zunächst einige bestimmt (unter ihnen der fast blinde Kölner Kardinal Frings), die die Konzilsarbeiten leiten sollten. Das war das Präsidium. Doch in der zweiten Sitzungsperiode kamen noch einmal vier jüngere Moderatoren hinzu, die mit mehr Druck die Arbeit der Leitung wahrnahmen.

Johannes XXIII. nahm an der Arbeiten des Konzils nur „indirekt" teil, d. h., er wohnte normalerweise den Sitzungen nicht bei. Die Sitzungen des Konzils, Generalkongregationen genannt, fanden am Vormittag statt, und zwar jeweils im Herbst der Jahre 1962, 1963, 1964, 1965 (sogenannte Sitzungsperioden). Versammlungssaal war der mit

Bänken und Stühlen zur „Konzilsaula" umfunktionierte Petersdom. Die Schemata wurden ausgeteilt, und die Konzilsväter konnten dazu Stellung nehmen. Die Reden mußten ein bis mehrere Tage vorher schriftlich eingereicht werden und durften nur auf Latein gehalten werden. Eine große Gruppe von Sekretären bemühte sich um die stenographischen Aufzeichnungen, später schrieb man hauptsächlich die Tonbänder ab. Abschriften sämtlicher Verhandlungen auf den Generalkongregationen sind in der „Acta Synodalia" gesammelt.

Auf dem Konzil wurde nach der ersten Diskussion eines jeweiligen Schemas eine Abstimmung durchgeführt. Die Bischöfe konnten auf Lochkarten mit „placet", „placet iuxta modum" oder aber „non placet" stimmen. Die ersten beiden Stimmabgaben erlaubten die Fortsetzung der Arbeiten. Gab es mindestens zwei Drittel der Stimmen für das „non placet", wurde das Dokument abgesetzt. Doch Papst Johannes XXIII. erlaubte im November die Absetzung des Dokuments über die „Quellen der Offenbarung", obwohl nur eine einfache Mehrheit der Konzilsväter dies wollte. Der Papst steht über dem Konzil und kann auch die Konzilsregeln ändern.

Wenn ein Schema mit „placet iuxta modum" angenommen worden war, dann konnten die Konzilsväter zunächst Animadversiones einbringen. Sie konnten alles nur Erdenkliche wünschen: z. B. Neuformulierungen einzelner Sätze oder auch das Streichen ganzer Kapitel. Das wurde intensiv genutzt. Doch wie sie es taten! Nicht alle hatten eine Schreibmaschine und manche dieser Animadversiones kamen ohne Unterschrift auf herausgerissenen Heftseiten über das Konzilssekretariat an die einzelnen Kommissionen. Diese entsprachen in etwa den Kommissionen der

Vorbereitungszeit, nur daß das Konzil die Mitglieder am Anfang der ersten Sitzungsperiode neu bestimmt hatte. In den Kommissionen wurden diese Animadversiones – hunderte, oft tausende – gesichtet, in einzelnen Punkten abgeschrieben und manchmal mühevoll interpretiert. Die Gabe der Klarheit war nicht allen Konzilsvätern gegeben. Es half nichts, daß der Sekretär der Theologischen Kommission das Konzilssekretariat bat, Vordrucke zu erstellen bzw. wenigstens schriftlich anzumerken, auf welches Dokument sich der jeweilige Bischof in seiner Kritik bezog.

Jede Kommission traf sich nachmittags, das geschah unregelmäßig, d. h. manchmal einmal in der Woche oder sogar einmal im Monat, manchmal jeden Tag. Es wurde Punkt um Punkt diskutiert. Dabei hatten normalerweise nur die Mitglieder der Kommission, also die 30 Bischöfe der Kommission, Stimm- und Rederecht, die Konsultoren konnten nur Stellung nehmen, wenn sie gefragt wurden. Aber nicht in allen Kommissionen ging es so streng zu. Manchmal war so viel Arbeit zu bewältigen, daß sich die Kommission in Unterkommissionen (Subkommissionen) aufteilte, die dann zu jeder Animadversion der Bischöfe Stellung nahmen und schriftliche Änderungsvorschläge machten. Im Plenum wurden diese dann nochmals diskutiert. Sämtliche Animadversiones und ihre Begründungen der Änderungen sind erhalten. Sie finden sich auch in den Bänden der „Acta Synodalia". Die Protokolle der Sitzungen dagegen liegen in den Archiven.

War ein Dokument überarbeitet worden, mußte es, Kapitel um Kapitel, in der Konzilsaula vorgelegt werden. Auch hier konnten wieder Animadversiones vorgetragen bzw. schriftlich eingereicht werden. Schließlich kam es zu einem endgültigen Text. Änderungswünsche, die dann noch eingetragen werden sollten, wurden nicht mehr Animadversiones sondern Modi genannt. Am Ende gab es die Schlußabstimmung und schließlich eine öffentliche Sitzung, in der der Papst das Dokument feierlich veröffentlichte.

Johannes XXIII. konnte kein Konzilsdokument veröffentlichen, weil er 1963 starb. Damit war auch das Konzil unterbrochen. Sein Nachfolger Paul VI. berief es sofort wieder ein. Die zweite Sitzungsperiode des Konzils fand also unter Paul VI. statt.

Die Konzilsdokumente sind nicht in gleicher Weise verbindlich. D. h., es gibt Dokumente, die wichtiger sind als andere. Eine Konstitution des Zweiten Vatikanums ist wichtiger als ein Dekret oder eine Erklärung. Doch die genaue Bestimmung der Verbindlichkeit der Konzilsdokumente ist noch nicht voll geklärt. Sicher ist, daß das Konzil keine neuen Dogmen formulieren wollte.

Hauptquelle für die Konzilsinterpretation können daher nur die Bände der „Acta et Documenta" und der „Acta Synodalia" sein und die entsprechenden Unterlagen der Kommissionen aus den Archiven. Alle anderen Dokumente sind privater Natur. Sie geben nur einen jeweils persönlichen Blick auf das Konzilsgeschehen.

Dr. Alexandra von Teuffenbach
Geb. 1971 in Padua, Studium der Philosophie und Theologie an der Päpstlichen Universität Gregoriana, dort promoviert mit „Die Bedeutung des subsistit in (Lumen Gentium 8). Zum Selbstverständnis der katholischen Kirche" (München 2002). Ausbildung zur Archivarin an der Scuola di Archivistica, Diplomatica e Paleografia Vaticana. Derzeit befaßt mit der Herausgabe der Konzilstagebücher von P. Sebastian Tromp SJ.

Druck und Bindung: Gallus Druckerei KG., Berlin
Gestaltung und Herstellung: Atelier Fischer